# Didática: organização do trabalho pedagógico

SÉRIE PEDAGOGIA CONTEMPORÂNEA

DIALÓGICA

O selo DIALÓGICA da Editora InterSaberes faz referência às publicações que privilegiam uma linguagem na qual o autor dialoga com o leitor por meio de recursos textuais e visuais, o que torna o conteúdo muito mais dinâmico. São livros que criam um ambiente de interação com o leitor – seu universo cultural, social e de elaboração de conhecimentos –, possibilitando um real processo de interlocução para que a comunicação se efetive.

*Luciana Peixoto Cordeiro*
*Christiane Martinatti Maia*

# Didática:
# organização
# do trabalho
# pedagógico

**EDITORA**
**intersaberes**

Rua Clara Vendramin, 58 . Mossunguê
CEP 81200-170 . Curitiba . PR . Brasil
Fone: (41) 2106-4170
www.intersaberes.com
editora@editoraintersaberes.com.br

CONSELHO EDITORIAL
Dr. Ivo José Both (presidente)
Drª Elena Godoy
Dr. Nelson Luís Dias
Dr. Neri dos Santos
Dr. Ulf Gregor Baranow

EDITORA-CHEFE
Lindsay Azambuja

SUPERVISORA EDITORIAL
Ariadne Nunes Wenger

ANALISTA EDITORIAL
Ariel Martins

PREPARAÇÃO DE ORIGINAIS
Mariana Bordignon

EDIÇÃO DE TEXTOS
Francisco R. S. Innocencio,
Fábia Mariela de Biasi e
Viviane Fernanda Voltolini

PROJETO GRÁFICO
Raphael Bernadelli (*design*)
Charles L.. da Silva (adaptação)

CAPA
Laís Galvão (*design*)
Quang Ho e Eiko Tsuchiya/
Shutterstock (imagens)

DIAGRAMAÇÃO
Estúdio Nótua

EQUIPE DE *DESIGN*
Laís Galvão e Sílvio Gabriel
Spannenberg

ICONOGRAFIA
Regina Claudia Cruz Prestes
e Celia Kikue Suzuki

1ª edição, 2017.
Foi feito o
depósito legal.

Informamos
que é de inteira
responsabilidade
das autoras
a emissão de
conceitos.
Nenhuma parte
desta publicação
poderá ser
reproduzida por
qualquer meio ou
forma sem a prévia
autorização da
Editora InterSaberes.
A violação dos
direitos autorais é
crime estabelecido
na Lei n. 9.610/1998 e
punido pelo art. 184
do Código Penal.

Dados Internacionais de Catalogação na Publicação (CIP)
(Câmara Brasileira do Livro, SP, Brasil)

Cordeiro, Luciana Peixoto
    Didática: organização do trabalho pedagógico/Luciana
Peixoto Cordeiro, Christiane Martinatti Maia. Curitiba:
InterSaberes, 2017. (Série Pedagogia Contemporânea)

    Bibliografia.
    ISBN 978-85-5972-582-7

    1. Ensino por projetos 2. Pedagogia 3. Planejamento
educacional 4. Prática de ensino 5. Sala de aula – Direção
I. Maia, Christiane Martinatti. II. Título III. Série.

17-10058                                    CDD-371.207

Índices para catálogo sistemático:
    1. Trabalho pedagógico: Projeto político-pedagógico:
    Organização: Educação      371.207

EDITORA AFILIADA

# Sumário

*Apresentação,* 9

## ( 1 )  Didática: origem e pressupostos, 11

1.1  Historicizando a didática, 14

1.2  A didática sob uma perspectiva atual, 16

1.3  Função humnizadora da escola, 22

## ( 2 )  Tendências pedagógicas, 29

2.1  Educação bancária e educação problematizadora, 32

2.2  Pedagogia liberal, 35

2.3  Pedagogia progressista, 38

( 3 )  Tendências pedagógicas: outra perspectiva, 43

3.1  Modelos pedagógicos e epistemológicos: perspectiva de Becker, 46

3.2  Abordagens do processo de ensino e aprendizagem: perspectiva de Mizukami, 49

( 4 )  Professor reflexivo e pesquisador, 59

4.1  Como empreender a transformação, 62

4.2  Pesquisa qualitativa em educação, 63

4.3  Estruturação de uma pesquisa, 64

4.4  Pesquisa em sala de aula, 68

( 5 )  Planejamento, 71

( 6 )  Projeto político-pedagógico, 81

( 7 )  Planejamento da ação pedagógica, 93

7.1  Plano de ensino e aprendizagem, 96

7.2  Organização do plano de ensino e aprendizagem, 99

( 8 )  Trabalhos em sala de aula: múltiplas construções, 113

8.1  Problematizações preliminares, 116

8.2  Projetos de trabalho: alguns conceitos, 117

8.3  Projetos de trabalho: estruturação, 119

8.4  Proposta de projeto de trabalho, 120

( 9 )  Currículo: tessituras em questão, 127

9.1  Currículo formal, currículo em ação e currículo oculto, 130

9.2  Parâmetros Curriculares Nacionais e Temas Transversais: tecendo críticas, 131

9.3  Identidade e currículo, 132

9.4  Multiculturalismo, 133

9.5  Projetos de trabalho e currículo, 135

( 10 )  Avaliação como um processo integrador, 139

    10.1  A relação de integração, 142

    10.2  Aspectos qualitativos e quantitativos na avaliação, 144

*Considerações finais, 151*

*Referências, 153*

*Respostas, 157*

*Sobre as autoras, 159*

# Apresentação

Nesta obra, reuniremos temáticas relacionadas à organização e à contextualização do trabalho pedagógico no processo de ensino e aprendizagem, a fim de analisarmos a prática pedagógica, a elaboração e a execução do planejamento, bem como desenvolvimento de um processo de ensino e aprendizagem que possibilite as trocas dinâmicas entre aluno e professor. Abordaremos, mediante investigações crítico-reflexivas, questões teórico-práticas da ação pedagógica e conceitos que norteiam a gestão do processo educativo, como *didática, tendências pedagógicas, professor, planejamento, projeto político-pedagógico, plano de ensino e aprendizagem, pedagogia de projetos, currículo e avaliação.*

Os conteúdos que aqui apresentaremos apontam para um saber, fazer, ser e conviver pedagógico que favorecem um processo de ensino e aprendizagem humanizador e de qualidade. Com esta obra, nosso intuito é contribuir para a formação integral dos indivíduos e para uma vida sustentável.

# ( 1 )

## Didática: origem e pressupostos

O estudo da didática, levando em conta sua origem e seus pressupostos teóricos, trata tanto da história quanto da perspectiva atual do processo de ensino e aprendizagem. Também procura desvelar práticas que promovam um ensino realmente eficaz e eficiente, com significado e sentido para os alunos, contribuindo para a transformação do ser e, consequentemente, da sociedade.

## (1.1) Historicizando a didática

O termo *didática* é derivado da expressão grega Τεχνή διδακτική (*techné didaktiké*) e significa "arte ou técnica de ensinar". No período que antecedeu sua sistematização e constituição como campo de estudos, a didática foi vivenciada de forma prática. Surgiu com base nas análises de Comênio (1592-1670), que, em sua obra *Didática magna* (1657), propôs a reforma da escola e do ensino e lançou "as bases para uma pedagogia que prioriza a 'arte de ensinar' por ele denominada 'Didática', em oposição ao pensamento pedagógico até então" (Damis, 1998, p. 17), ou seja, o autor defendeu uma contraposição às ideias conservadoras da nobreza e do clero da época.

A didática magna de Comênio tinha por fundamento ensinar tudo a todos. Esse teórico, com sua preocupação com a arte de ensinar, introduziu no cenário pedagógico a ênfase nos meios e no processo, deixando em segundo plano a formação de um homem ideal, o que, até então, era considerado o aspecto fundamental.

O ENFOQUE NO ENSINO foi importante para a pedagogia e a sociedade da época, uma vez que esta era caracterizada pelo início do sistema de produção que daria origem ao capitalismo, no qual a ideia de desenvolvimento individual se fortaleceria. Cerca de um século mais tarde, surgem os estudos de Jean-Jacques Rousseau (1712-1778), que, no contexto de sua noção naturalista de ser humano, propôs uma nova concepção de ensino, fundamentada nas necessidades e nos interesses imediatos da criança. Rousseau não elaborou uma teoria de ensino, mas sua obra originou um novo conceito de infância.

Johann Heinrich Pestalozzi (1746-1827) colocou em prática as ideias de Rousseau, imprimindo DIMENSÕES SOCIAIS à questão educacional. Conforme Castro (1991), o aspecto metodológico da didática proposta por Pestalozzi tem como foco o desenvolvimento harmônico do aluno, e por isso funda-se a em princípios, e não em regras.

Segundo Libâneo (1994, p. 60), o estudioso Johann Friedrich Herbart (1766-1841), influenciado pelos estudos de Comênio, Rousseau e Pestalozzi, "desenvolveu uma análise do processo psicológico-didático de aquisição de conhecimentos, sob a direção do professor". Herbart defendeu a ideia de educação pela instrução, que pode ser assim caracterizada: "A principal tarefa da instrução é introduzir ideias corretas na mente dos alunos. O professor é um arquiteto da mente. [...] Controlando os interesses dos alunos, o professor vai construindo uma massa de ideias na mente, que por sua vez vão favorecer a assimilação de ideias novas" (Libâneo, 1994, p. 60-61).

Herbart criou, então, uma metodologia única de ensino: o método dos PASSOS FORMAIS, que consistia em quatro passos didáticos a serem seguidos com rigor (Libâneo, 1994):

1. CLAREZA – Preparar e apresentar as matérias de maneira clara e completa.
2. ASSOCIAÇÃO – Relacionar ideias antigas e novas.
3. SISTEMATIZAÇÃO – Agrupar conhecimentos visando à generalização.
4. APLICAÇÃO OU MÉTODO – Utilizar conhecimentos por meio de atividades/exercícios.

Mais tarde, seus seguidores aprimoraram essa proposta, a qual passou a contemplar cinco passos: PREPARAÇÃO, APRESENTAÇÃO, ASSIMILAÇÃO, GENERALIZAÇÃO e APLICAÇÃO.

Conforme Libâneo (1994), os pensamentos pedagógicos de Comênio, Rousseau, Pestalozzi e Herbart, entre outros, formaram a sustentação do pensamento pedagógico europeu, que posteriormente se expandiu por todo o mundo, "demarcando as concepções pedagógicas que hoje são conhecidas como PEDAGOGIA TRADICIONAL e PEDAGOGIA RENOVADA" (Libâneo, 1994, p. 61, grifo nosso). A pedagogia renovada reúne correntes que defendem uma evolução nessa área, opondo-se à pedagogia tradicional. Podem-se destacar como características do movimento de renovação da pedagogia:

*A valorização da criança, dotada de liberdade, iniciativa e de interesses próprios e, por isso mesmo, sujeito da sua aprendizagem e agente de seu próprio desenvolvimento; tratamento científico do processo educacional, considerando as etapas sucessivas do desenvolvimento biológico e psicológico; respeito às capacidades e aptidões individuais, individualização do ensino conforme os ritmos próprios de aprendizagem; rejeição de modelos adultos em favor da atividade e da liberdade de expressão da criança.* (Libâneo, 1994, p. 62)

A esse movimento de renovação da educação foram atribuídos diferentes nomes: educação nova, escola nova e pedagogia ativa. Como tendência pedagógica, essa corrente desenvolveu-se no início do século XX.

John Dewey (1859-1952) foi o principal representante de uma das correntes advindas do movimento escolanovista (da escola nova). Esse filósofo e pedagogo norte-americano defendia a educação pela ação: a criança, mediante esse método, depara-se com situações capazes de possibilitar que ela tenha experiências que a motivem a desenvolver suas potencialidades, suas capacidades, suas necessidades e seus interesses.

Libâneo (1994) explica que o movimento escolanovista no Brasil desmembrou-se em várias correntes, entre elas a VITALISTA, que teve como principal representante Maria Montessori, e a INTERACIONISTA, fundamentada na psicologia genética de Jean Piaget.

# (1.2) A didática sob uma perspectiva atual

Segundo Moraes (1997, p. 135, grifo nosso), atualmente, podemos refletir no seguinte sentido:

> *somos cidadãos do mundo e [...] temos o direito de estar suficientemente preparados para nos apossarmos dos instrumentos de nossa realidade cultural, para que possamos* PARTICIPAR DO MUNDO, *o que significa estarmos preparados para elaborar as informações nele produzidas e que afetam nossa vida como cidadãos e cidadãs.*

Ainda de acordo com Moraes (1997, p. 135), o conhecimento resultante dos avanços da ciência durante a segunda metade do século XX e as primeiras décadas do século XXI trouxeram-nos "uma compreensão do mundo mais holística, global, sistêmica, que enfatiza o todo" e não se limita às partes. Essa concepção totalizante da realidade em que vivemos está, também, ligada a uma visão ecológica de mundo, que "reconhece a interconectividade, a interdependência e a interatividade de todos os fenômenos da natureza e o perfeito entrosamento dos indivíduos e das sociedades nos processos cíclicos da natureza" (Moraes, 1997, p. 135).

Tal visão do mundo dá origem a teorias e embasamentos que abrem espaço para diálogos de todos os tipos, "incluindo aí o diálogo amoroso do ser humano consigo mesmo, com a sociedade e com a natureza" (Moraes, 1997, p. 136). O sujeito produz conhecimento, relacionando-se com os outros e com o objeto desse conhecimento. Esse processo é chamado de CONHECIMENTO EM REDE, pois conecta todas as teorias e todos os conceitos entre si, fazendo-os crescer conjuntamente.

O mundo de hoje é muito complexo, e entendê-lo pode ser uma tarefa muito árdua, em razão de alguns motivos elucidados por Moraes (1997, p. 136):

*Em vez da ordem, temos a desordem crescente, a criatividade e o acidente. Do caos, surgem a esperança, a criatividade, o diálogo e a auto-organização construtiva. No lugar da estabilidade e do determinismo, temos a instabilidade, as flutuações e as bifurcações. [...] Estamos imersos num universo menos previsível, mais complexo, dinâmico, criativo e pluralista, numa dança permanente.*

Tomando essa abordagem como ponto de partida, pretendemos enfatizar algumas reflexões que podem ajudar a nos situar no mundo em que vivemos, a pensar e agir a respeito da didática, de maneira a contribuir para a formação/preparação dos alunos e, em consequência, para a sustentabilidade da sociedade.

Nossas reflexões podem ser iniciadas com base em algumas questões: Como e para que exercemos nossa docência? Como nosso "saber fazer" na sala de aula se concretiza? Como podemos deixar de lado metodologias rígidas, estruturantes e reducionistas e adotar metodologias mais dinâmicas, vivas, flexíveis, globalizadoras, que preparem o aluno para viver e conviver com as rápidas transformações do mundo, em uma vida cheia de incertezas e imprevisibilidades?

O desafio de responder a essas questões não passa somente pela busca de novos procedimentos de ensino, que ofereçam mais uma forma de facilitar o trabalho do professor e a aprendizagem do aluno. Passa também por uma abordagem da didática que ultrapasse a simples renovação pedagógica e empreenda a busca de uma didática fundamental, que supere a perspectiva instrumental. A didática instrumental, segundo Candau (2001, p. 13-14),

*é concebida como um conjunto de conhecimentos técnicos sobre o "como fazer" pedagógico, conhecimentos estes apresentados de forma universal e consequentemente desvinculados dos problemas relativos ao sentido e aos fins da educação, dos conteúdos específicos, assim como do contexto sociocultural concreto em que foram gerados.*

Já a DIDÁTICA FUNDAMENTAL está alicerçada, conforme Candau (2001), na multidimensionalidade do processo de ensino e aprendizagem, propondo a articulação das dimensões técnica, humana e política. Nessa perspectiva, a competência técnica e o compromisso político não se dissociam, mas se relacionam. "A dimensão técnica da prática pedagógica, objeto próprio da Didática, tem de ser pensada à luz de um projeto ético e político-social que a oriente" (Candau, 2001, p. 15).

A ação do professor, portanto, precisa estar embasada em uma estrutura que não separe os fins pedagógicos dos fins sociais. Rays (2000, p. 47) sustenta com muita propriedade que "a ligação fins-pedagógicos-fins-sociais deve ser implementada pela didática tomando-se como ponto de referência a realidade social onde o ensino está em desenvolvimento". Isso instiga o professor ao desvelamento da realidade em busca de uma prática educacional mais significativa. Diante desse contexto, a ação educacional/o fazer didático a ser implementado é o que possibilitará a reflexão em relação a cada situação de aprendizagem, tendo em vista a realidade em que estão inseridos professor e aluno, chegando-se, assim, a um processo didático mais real e adequado.

É preciso destacar que o ensino não é uma ação neutra. Para Damis (1998), todo ensino tem um conteúdo pedagógico implícito, abarcando uma concepção de homem, de sociedade e de educação que é sua base de sustentação. Desse modo, o professor de Matemática, por exemplo, além de trabalhar o conteúdo específico desse componente curricular, desenvolve um conteúdo implícito, com base em sua metodologia, em sua concepção de educação, de mundo, de homem e de sociedade.

Santos (2003, p. 33), por sua vez, afirma que "ao questionar os conceitos que conformam o modo de ensinar e ao elaborar novas respostas para as velhas interrogações – o que é o ser, o que é o saber, o que é o aprender e o que é o educar – o professor verá o mundo de um outro modo".

Diante disso, o estudo dessas questões é essencial na educação, pois pode oportunizar ao aluno uma nova possibilidade de leitura do mundo em que vive. Surge, então, uma questão importante a ser considerada: a percepção de que a educação necessita assumir uma função mais ampla, fundamentada em uma nova visão de mundo e comprometida com a formação humana em sua integralidade. Para Assmann (2001, p. 210), "educar pressupõe que se acredite na educabilidade do ser humano, pois sem isso educar não teria sentido". Esse autor enfatiza, ainda, que educar é salvar vidas, em um processo de autorreprodução, de modo que as pessoas vão se construindo por si e pelos outros, em um movimento complexo. O ser humano, de acordo com Assmann (2001), encontra-se sempre em um vir a ser, admitindo, assim, avanços, sem se estagnar no estágio alcançado.

Essa nova visão de educação leva-nos a pensar na questão ético-política, não somente no sentido de assegurar a preservação da espécie humana e do planeta Terra, mas de ampliar as possibilidades de uma vida mais feliz para todos os seres vivos. O mundo atual exige uma nova humanidade, e educar o ser humano para esse novo contexto requer uma abordagem de educação e uma postura em sala de aula diversas das aplicadas na pedagogia tradicional, com vistas a expandir a função do professor para além do ensinar apenas os conhecimentos construídos pelo homem no decorrer da história.

Charlot (2000, p. 53) corrobora essa ideia ao dizer que "nascer, aprender, é entrar em um conjunto de relações e processos que constituem um sistema de sentido, onde se diz quem eu sou, quem é o mundo, quem são os outros".

Ainda é vigente nas escolas o direcionamento do aprender embasado na transmissão dos conteúdos e na preparação exclusivamente para o mercado de trabalho, inserindo-se professor e aluno na lógica do mercado. Demo (2000, p. 6) enfatiza que "é essencial não perder de vista que conhecimento é apenas meio e que, para tornar-se educativo, carece orientar-se pela ética dos fins e dos valores". Assim, a educação escolar precisa ser reconstruída, colocando os conteúdos a serviço da humanidade, de cada um e da sociedade, atribuindo-se à educação a função de formar seres humanos.

Arroyo (2000) reforça tais pronunciamentos quando chama a atenção para o fato de que a educação deve ajudar e acompanhar os alunos na complexa arte de se tornarem humanos. O desenvolvimento de saberes, habilidades e competências é necessário, mas a educação não se esgota nisso. A ação de ensinar não fica desprezada, entretanto, de acordo com o pensamento do autor, é preciso "reinterpretá-la na tradição mais secular no ofício de ensinar a ser humanos" (Arroyo, 2000, p. 54), reaprender "que nosso ofício se situa na dinâmica histórica da aprendizagem humana, do ensinar e aprender a sermos humanos" (Arroyo, 2000, p. 53).

Essa visão, para Arroyo (2000), impulsiona o redescobrimento dos alunos como "gente", e não somente como alunos. Reforça, ainda, que, enxergando os alunos dessa forma, também nos redescobrimos como "gente", humanos ensinantes, transmitindo mais do que nosso próprio conhecimento científico.

Percebendo os alunos como pessoas, o conceito de *educação* passa a ter como enfoque a totalidade do indivíduo e, com isso, o ato educativo consiste na função de despertar a inteireza do ser humano, isto é, propiciar o desenvolvimento das dimensões social, racional, intelectual e espiritual. Agir com essas dimensões de forma integrada representa, para Catanante (2000), uma nova forma de ver e viver a vida. Possibilita que as pessoas tenham propósito/missão/metas de vida, clareza de talentos, percepção de oportunidades, paixão e entusiasmo pelo que fazem, automotivação para a superação de dificuldades, capacidade de contagiar positivamente os outros, de fazer relações entre conhecimentos aparentemente desconectados, atenção e sabedoria em suas escolhas e tomadas de decisão, responsabilizando-se por elas, coerência entre suas crenças, seus pensamentos e suas ações, capacidade de trabalho em conjunto e bom relacionamento com os outros, consciência da polaridade de seus sentimentos positivos e negativos, faculdade de usar a razão com discernimento e consciência do que suas ações agregam ao mundo.

Segundo Rays (2000), a didática fornece bases para que a ação educativa seja um momento pedagógico processual, ou seja, a ação será sempre voltada para a realidade circunstancial, não havendo mais tempo e espaço para uma ação educativa pautada pela repetição de técnicas de ensino. Cada situação do processo de ensino e aprendizagem é singular e precisa considerar suas características.

A respeito dessas questões didáticas, o texto de Edgar Morin a seguir é um interessante incentivo à reflexão sobre as complexas relações do pensamento.

## O que é o pensamento complexo?

O pensamento simplificador elimina a contradição, porque recorta a realidade em fragmentos não complexos que isola. A partir daí, a lógica funciona perfeitamente com proposições isoladas umas das outras, com proposições suficientemente abstratas para não serem contaminadas pelo real, mas que, precisamente, permitem exames particulares do real fragmento por fragmento. Que maravilhosa adequação "científica" entre a lógica, o determinismo, os objetos isolados e recortados, a técnica, a manipulação, o real, o racional! Então, o pensamento simplificador não conhece nem ambiguidade nem equívocos. O real tornou-se uma ideia lógica, isto é, ideológica, e é esta ideologia que pretende se apropriar do conceito de ciências.

> O pensamento simplificador julga obedecer à lógica ao fazer obedecer a lógica ao paradigma disjuntivo-redutor. Não é a lógica que controla o pensamento simplificador: é este que manipula a lógica para simplificar.
>
> Ora, existe outro modo de utilizar a lógica, que é colocá-la a serviço de um pensamento que quer dar conta das complexidades do real e, singularmente, da vida. O pensamento complexo parte dos fenômenos simultaneamente complementares, concorrentes, antagônicos, respeita as coerências diversas que se associam em dialógicas ou polilógicas e, por isso, enfrenta contradição por vias lógicas. O pensamento complexo é o pensamento que quer pensar em conjunto as realidades dialógicas/ polilógicas entrelaçadas juntas (complexos).

FONTE: MORIN CITADO POR SANTOS, 2003.

## (1.3) Função humanizadora da escola

Vivemos um momento histórico de grandes mudanças provocadas pela revolução tecnológica, que tem transformado, em ritmo acelerado, os cenários socioeconômico e cultural e gerado a necessidade de globalidade, totalidade e complexidade, superando a visão pequena ou compartimentalizada de homem e de planeta.

A desigualdade social – com o crescente aumento da pobreza –, a deterioração do meio ambiente e o aumento da alienação e da violência vêm provocando, cada vez mais, malefícios à humanidade.

Acrescenta-se a esses problemas a competitividade decorrente da globalização, que traz consequências como a desumanização e a fragmentação dos indivíduos. Estes, focados nos benefícios pessoais, acabam transgredindo princípios, valores, afetos, tradições e posturas de caráter ético.

Mulsow (2003) salienta que, para haver DESENVOLVIMENTO HUMANO INTEGRAL, é preciso que o progresso e a solidariedade estejam integrados, tendo como fundamento principal a ÉTICA. A autora afirma que um mercado mundial, se organizado com equilíbrio e regulação, pode desencadear o bem-estar e o desenvolvimento da cultura, da democracia, da solidariedade e da paz.

Segundo Capra (2002, p. 267), neste novo século, dois fenômenos terão "efeitos significativos sobre o bem-estar e os modos de vida da humanidade": o primeiro é a ascensão do capitalismo global, realizado por meio de redes eletrônicas em que circulam velozmente fluxos financeiros e de informação e que tem por objetivo "elevar ao máximo a riqueza e o poder de suas elites" (Capra, 2002, p. 268); o outro fenômeno é a criação de comunidades sustentáveis que, por meio de projetos ecológicos, elevem "ao máximo a sustentabilidade da teia da vida" (Capra, 2002, p. 268).

Boff (2000, p. 91), por seu turno, nos diz que

*a lei do universo, que permitiu que todos chegássemos até aqui, é a da cooperação de todos com todos. É a da solidariedade cósmica, porque tudo tem a ver com tudo, em todos os pontos, em todos os momentos, em todas as circunstâncias, numa rede de inter-retrodependência de todos com todos, não permitindo que ninguém seja excluído (como faz nosso sistema social mundializado que exclui 2/3 dos seres humanos). Cada um sendo cúmplice e responsável pela vida do outro.*

Consoante o paradigma de disjunção de Morin (2000), a evolução da humanidade ocorreu principalmente pela dualidade, que a separou em teoria *versus* prática, sujeito *versus* objeto, corpo *versus* mente, pobre *versus* rico, matéria *versus* espírito, dissociando também o conhecimento e as estruturas sobre as quais se apoiam sua construção e sua disseminação, o que resultou na fragmentação da vida.

A noção de *disjunção* está muito presente na educação de hoje. Recorrendo novamente a Morin (2000, p. 13), "há inadequação cada vez mais ampla, profunda e grave entre os saberes separados, fragmentados, compartimentados entre as disciplinas", tornando invisíveis "os conjuntos complexos, as interações e retroações entre partes e todo, as entidades multidimensionais e os problemas essenciais". O filósofo afirma, ainda, que a hiperespecialização fragmenta em parcelas o conhecimento, impedindo de ver o global e o essencial, e que "o retalhamento das disciplinas torna impossível apreender o que é tecido junto", isto é, o complexo (Morin, 2000, p. 13). "Existe complexidade, de fato, quando os componentes que constituem um todo (como o econômico, o político, o sociológico, o psicológico, o afetivo, o mitológico) são inseparáveis e existe um tecido interdependente, interativo e inter-retroativo entre as partes e o todo, o todo e as partes" (Morin, 2000, p. 14).

O sistema de ensino, reforça o autor citado, insiste em separar as disciplinas, dissociar os problemas, reduzir o complexo e separar o que está ligado. Insiste também em focalizar sua ação educativa no desenvolvimento da razão, do pensamento linear, lógico e analítico, em detrimento da emoção, da espiritualidade, da cooperação, da afetividade e da criatividade (Morin, 2000). Em um contexto como esse, é importante que a escola possibilite o desenvolvimento do aluno de uma forma integral.

Capra (2002, p. 149) corrobora tal pensamento e salienta que as situações não podem ser entendidas isoladamente – "para resolver qualquer problema isolado, precisamos de um pensamento sistêmico" –, pois tudo na educação está interligado e é interdependente. Yus (2002, p. 26) sustenta que:

> O paradigma sistêmico, com sua concepção holística, pretende recompor muitas das rupturas geradas pelo paradigma mecanicista, buscando essa conexão homem/natureza e mente/corpo que havíamos perdido, para que com isso possamos reconectar-nos com o todo do qual fazemos parte e, assim, começar um novo tipo de relação com nossos semelhantes e com a natureza em geral.

Quando se refere a um ser integral, Yun (2002) contempla aspectos de globalidade da pessoa: espiritualidade, interrelações, equilíbrio, cooperação, inclusão, experiência e contextualização.

Morin (2000, p. 89) complementa essa ideia apontando a necessidade de "substituir um pensamento que isola e separa por um pensamento que distingue e une".

Desse modo, é preciso que pensemos em uma PROPOSTA EDUCATIVA que ultrapasse o ensino para o mercado, o ensino para o vestibular, o ensino para a certificação, avançando para uma diretriz que vise à formação humana por inteiro.

A escola é, por excelência, o espaço para discutir as questões educacionais. Por ser constituída de indivíduos que atuam sobre seu entorno, integrantes que são do todo em que vivem, toda reflexão sobre ela não pode ser dissociada da vida e da sociedade. Consequentemente, o processo educativo que nela transcorre favorece a autoeducação e, portanto, requer a intencionalidade do ato educativo. Exatamente por isso, é fundamental que os indivíduos que nela atuam percebam-se como sujeitos em sua integridade, pois só assim são capazes de possibilitar aos alunos o desenvolvimento de suas potencialidades em plenitude e uma formação realmente integral.

Isso implica considerar a globalidade da pessoa, o que não significa reduzir esse processo a uma série de competências e de habilidades, mas concebê-lo em todas as suas dimensões, que, conforme Catanante (2000), são constituintes do ser integral: social, emocional, racional e espiritual. Essas dimensões, desenvolvidas de forma equilibrada, tornam a aprendizagem algo pessoal e socialmente significativo para o aluno, propiciam um sentido para sua vida pessoal, profissional e comunitária, possibilitando que ele se desenvolva e evolua como um ser integral. Permitir que o aluno se autoproduza de forma plena requer que o desejo de uma educação integralizante e a ação necessária para satisfazê-lo estejam presentes em todos os envolvidos no ato educativo.

*Para saber mais*

OLIVEIRA, M. R. N. S.; ANDRÉ, M. E. D. A. (Org.) **Alternativas do ensino de didática.** Campinas: Papirus, 1997.

VEIGA, I. P. A. **Repensando a didática.** Campinas: Papirus, 2008.

_____. **A prática pedagógica do professor de didática.** Campinas: Papirus, 2008.

FAZENDA, I. **Didática e interdisciplinaridade.** Campinas: Papirus, 2008.

# Atividades

1. Considerando as características do mundo atual e com base nas leituras realizadas, que tipo de didática deveria ser adotada e aplicada?

2. Faça a correspondência entre as sentenças propostas a seguir e, depois, reflita sobre os conceitos apresentados.

   I) O objeto de estudo da didática é...

   II) A didática, na visão exclusivamente instrumental, significa...

   III) Uma nova configuração para a didática ocorre...

   IV) A didática fundamental caracteriza-se por...

   V) A competência técnica e o compromisso político se exigem mutuamente e se interpenetram; assim, conclui-se que...

   ( ) assumir a multidimensionalidade do processo de ensino e aprendizagem e colocar a articulação das três dimensões: técnica, humana e política.

   ( ) não é possível dissociar um do outro.

   ( ) o processo de ensino e aprendizagem, um dos campos principais da educação escolar.

   ( ) um conjunto de conhecimentos técnicos sobre o "como fazer" pedagógico, conhecimentos estes apresentados de forma universal e, consequentemente, desvinculados dos problemas relativos ao sentido e aos fins da educação, dos conteúdos específicos, assim como do contexto sociocultural concreto em que foram gerados.

( ) pensando a prática pedagógica concreta, articulada com a perspectiva de transformação social.

3. Em determinada escola, um dos professores convidou seus alunos para desenvolver uma aula no pátio, aproveitando a própria natureza como fonte motivadora da prática pedagógica, o que agradou a todos. Imediatamente, foi repreendido por seus gestores, que alegaram indisciplina, barulho, desordem, sem perceber o significado da atitude do professor, sua criatividade ao buscar uma abordagem pedagógica que rompesse as fronteiras da sala de aula.

Se você fosse um professor designado para atuar na escola citada na situação hipotética descrita e se deparasse com os posicionamentos apresentados a seguir, você concordaria com eles? Utilize S para *sim, concordo* e N para *não concordo*. Em seguida, justifique suas respostas por meio de um pequeno texto.

( ) A dimensão técnica da prática pedagógica, objeto próprio da didática, é pensada à luz de um projeto ético e político-social.

( ) A educação é vista com uma função mais ampla, fundamentada em uma nova visão de mundo, comprometida com a formação humana em sua integralidade.

( ) A ação do professor está embasada em uma estrutura que separa os fins pedagógicos dos fins sociais.

( ) Os conteúdos de ensino são colocados a serviço da humanidade, de cada um e da sociedade, atribuindo-se à educação a função de formar seres humanos.

( ) O "saber fazer" de sala de aula se concretiza para que possamos sair de metodologias rígidas, estruturantes e reducionistas para metodologias mais dinâmicas, vivas, flexíveis e globalizadoras, de modo a preparar o aluno para viver e conviver com as transformações rápidas do mundo.

4. Tendo em vista que o mundo se apresenta atualmente marcado pela necessidade de globalidade, de totalidade e de complexidade, não havendo mais lugar para uma visão pequena ou compartimentalizada de homem e de planeta, assinale, a seguir, as proposições educacionais que vêm ao encontro dessas características do mundo.

I) A proposta educacional da escola deve ser fundamentada na disciplinaridade, focalizando o desenvolvimento da razão.

II) A proposta educacional da escola deve assumir uma função mais ampla, comprometida com a formação humana em sua integralidade.

III) A proposta educacional da escola deve estar voltada para a transmissão dos conteúdos e para a preparação do aluno para o mercado de trabalho.

IV) A proposta educacional da escola deve prever situações didático-pedagógicas que propiciem ao aluno o pensamento sistêmico, tendo em vista que as situações não podem ser entendidas isoladamente.

V) A proposta educacional da escola deve oportunizar o desenvolvimento do aluno de forma integral, considerando as dimensões social, emocional, racional e espiritual, tendo em vista que essas dimensões, desenvolvidas de forma equilibrada, tornam a aprendizagem algo pessoal e socialmente significativo para o aluno, viabilizando um sentido para sua vida pessoal, profissional e comunitária, bem como permitindo que se desenvolva e evolua como um ser integral.

( 2 )

Tendências pedagógicas

**Neste capítulo,** abordaremos os posicionamentos de dois educadores e pensadores brasileiros, Paulo Freire e José Carlos Libâneo, explicitando suas análises pedagógicas em relação ao processo de ensino e aprendizagem.

Nosso intuito com a discussão desse tema é instigá-lo à reflexão crítica e à avaliação de suas próprias convicções e das posições que você poderá assumir na prática educativa, de forma a assegurar uma ação pedagógica consistente e coerente com as reais demandas dos alunos e da sociedade.

# (2.1) Educação bancária e educação problematizadora

O educador brasileiro Paulo Reglus Neves Freire, conhecido apenas por Paulo Freire, nasceu em Recife, em 1921, e faleceu em 1997. Por seus estudos, é considerado um dos grandes pedagogos da atualidade, merecedor de respeito mundial, e é notória sua grande contribuição em favor da educação popular. Publicou várias obras, traduzidas e comentadas em vários países, entre as quais: *Pedagogia do oprimido* (1970), *Pedagogia da esperança* (1992) e *Pedagogia da autonomia* (1996).

Marcelo Lopes

Freire tratou o assunto em estudo sob a forma de concepções dicotômicas: educação bancária × educação problematizadora ou libertadora.

Ele caracteriza a postura pedagógica tradicional como EDUCAÇÃO BANCÁRIA, pela verticalidade da relação professor-aluno e pelo cunho mecânico da transmissão e da memorização dos conteúdos, que sugerem similaridades com as relações que ocorrem nas agências bancárias. Para Freire (1982), essa prática educativa nega o homem como sujeito crítico e criativo. A aprendizagem, sob essa concepção, consiste no recebimento e na memorização dos conteúdos da realidade selecionados pelo professor, que os expõe aos alunos, ouvintes passivos do ato educativo. Assim, o professor educa, sabe, pensa, fala, disciplina, escolhe, determina, impõe, e o aluno não sabe e não pensa, só ouve, segue determinações, não age, não escolhe, adapta-se. Constitui, portanto, uma educação que instala um processo educativo que "aliena, submete e desumaniza" (Boufleuer, 1991, p. 47).

Para Freire (1982), podemos reconhecer nessa concepção os interesses das elites dominantes, opressoras, para as quais é vantajoso manter os homens alienados de suas capacidades críticas e criativas.

Desse modo, o docente que adota a postura pedagógica de educação bancária coloca-se a serviço dos opressores e, por isso, não constrói uma relação de congraçamento e companheirismo com os alunos. Essa forma de processo educativo pressupõe um mundo harmonioso, em que não se apresentam contradições, resultando na conservação da ingenuidade do oprimido, que, consequentemente, termina por se acostumar e se acomodar ao mundo conhecido, ou seja, ao mundo da opressão.

A EDUCAÇÃO PROBLEMATIZADORA, OU LIBERTADORA, propõe-se a conscientizar o aluno de sua realidade social, e o conhecimento é um processo que se realiza por meio do contato do sujeito com o mundo vivenciado, o qual é considerado como dinâmico, sempre em transformação. Portanto, o conhecimento não se caracteriza como uma forma de doação, do professor para o aluno, como acontece na educação bancária.

Esse modelo de educação possibilita a construção de um conhecimento crítico, realizado com base no desvelamento da realidade de forma reflexiva, o que conduz os sujeitos a sentir a necessidade de transformar o mundo.

Nessa abordagem, estabelece-se uma relação horizontal entre professor e aluno, a qual abre espaço para uma relação dialógica. Esse processo supõe compartilhar conhecimentos, de modo que o professor, enquanto ensina, também aprende.

Freire (1982, p. 78) pontua que:

*Em verdade, não seria possível à Educação Problematizadora, que rompe com os esquemas verticais característicos da Educação Bancária, realizar-se como prática da liberdade, sem superar a contradição entre o educador e os educandos. Como também não lhe seria possível fazê-lo fora do diálogo. [...] O educador já não é o que apenas educa, mas o que, enquanto educa, é educado, em diálogo com o educando que, ao ser educado, também educa.*

Segundo Freire (2006, p. 47), é preciso "saber que ensinar não é transferir conhecimento, mas criar as possibilidades para a sua própria produção ou a sua construção".

O educador reforça essa posição ao afirmar: "Quando entro em uma sala de aula devo estar sendo um ser aberto às indagações, à curiosidade, às perguntas dos alunos, às suas inibições; um ser crítico e inquiridor, inquieto em face da tarefa que tenho – a de ensinar e não a de transferir conhecimento" (Freire, 2006, p. 47).

O quadro a seguir nos ajuda a refletir sobre a educação problematizadora proposta por Freire.

*Quadro 2.1 – A educação problematizadora*

| | |
|---|---|
| **EDUCAÇÃO** | ▪ Provoca e cria condições para que se desenvolva uma atitude de reflexão crítica, comprometida com a ação.<br>▪ É fator importante na passagem das formas mais primitivas de consciência para a consciência crítica, que é um vir a ser contínuo.<br>▪ Tem caráter utópico. |
| **PROCESSO DE ENSINO E APRENDIZAGEM** | ▪ Deve procurar a superação da relação opressor-oprimido.<br>▪ Tem significado amplo, tal como a educação.<br>▪ Não se restringe às situações formais de instrução.<br>▪ É uma educação problematizadora ou conscientizadora, que desenvolve a consciência crítica e a liberdade como meios de superar as contradições da educação bancária. |
| **RELAÇÃO PROFESSOR-ALUNO** | ▪ Estabelece uma relação horizontal, e não imposta.<br>▪ Professor desmistifica e questiona, com o aluno, a cultura dominante.<br>▪ Preocupa-se com o processo, e não com o produto da aprendizagem.<br>▪ Alunos participam do processo com o professor.<br>▪ Professor e aluno são sujeitos do processo de ensino e aprendizagem e crescem juntos. |

# (2.2) Pedagogia liberal

Libâneo (2002), considerando os condicionantes sociopolíticos da escola, que configuram diferentes concepções de homem e de sociedade, e os diversos pressupostos sobre o papel da escola, da aprendizagem, da relação professor-aluno e das técnicas pedagógicas, classificou as tendências pedagógicas em: tendência pedagógica liberal e tendência pedagógica progressista.

Segundo Libâneo (2002, p. 21-22):

*A pedagogia liberal sustenta a ideia de que a escola tem por função preparar os indivíduos para o desempenho de papéis sociais, de acordo com as aptidões individuais. Para isso, os indivíduos precisam aprender a adaptar-se aos valores e às normas vigentes na sociedade de classes através do desenvolvimento da cultura individual. A ênfase no aspecto cultural esconde a realidade das diferenças de classes, pois, embora difunda a ideia de igualdade de oportunidades, não leva em conta a desigualdade de condições [...].*

Dessa forma, a pedagogia liberal, por meio de suas diferentes tendências pedagógicas, toma por base a análise das realidades sociais e sustenta implicitamente as finalidades sociopolíticas da educação.

Conforme Libâneo (2002), a tendência pedagógica liberal está classificada em: tradicional; renovada progressivista; renovada não diretiva; e tecnicista.

## *Tendência pedagógica liberal tradicional*

Libâneo (2002) afirma que, na pedagogia liberal tradicional, os conteúdos, a metodologia (procedimentos didáticos) e a relação estabelecida entre professor e aluno não vão ao encontro do cotidiano nem das realidades sociais. Essa pedagogia tem como característica a "predominância da palavra do professor, das regras impostas, do cultivo exclusivamente intelectual" (Libâneo, 2002, p. 22). O educador reforça essa posição expondo que, nesse modelo de escola, "o professor transmite o conteúdo na forma de verdade a ser absorvida; em consequência a disciplina imposta é o meio mais eficaz para assegurar a atenção e o silêncio" (Libâneo, 2002, p. 24).

## Tendência pedagógica liberal renovada progressivista

Nessa tendência, a educação é tratada como um processo interno. Seu fundamento são as necessidades e os interesses individuais indispensáveis para a adaptação ao meio social; a valorização da autoeducação; e a efetivação do aluno como sujeito de sua educação. Assim, a educação é vida e parte da experiência humana, por isso, cabe à escola organizar-se de modo a reproduzir a vida. Os conteúdos de ensino são instituídos à luz das experiências que o aluno vivencia diante dos desafios cognitivos e das situações problemáticas propostas pelo professor. Os processos de aquisição do saber são mais valorizados do que os conteúdos organizados racionalmente. Para Libâneo (2002, p. 25), "trata-se de 'aprender a aprender', ou seja, é mais importante o processo de aquisição do saber do que o saber propriamente dito".

Em relação aos métodos de ensino, destacam-se a pesquisa, os processos de descoberta, o estudo dos meios natural e social, o método de solução de problemas e os trabalhos em grupo. Na sala de aula, o professor não detém posição privilegiada, e a disciplina expressa-se por meio de um posicionamento solidário, participante e respeitoso das normas do grupo, seguindo o pressuposto de que "aprender se torna uma atividade de descoberta, é uma autoaprendizagem, sendo o ambiente apenas o meio estimulador" (Libâneo, 2002, p. 26).

Essa tendência tem como base os estudos de múltiplos pensadores, entre os quais:

- Maria Montessori (1870-1952), médica italiana – Principais obras: *Pedagogia científica* e *A criança e etapas da educação.*
- John Dewey (1859-1952), filósofo e psicólogo liberal norte-americano – Principais obras: *Vida e educação*; *Democracia e educação*; *Escola e sociedade*; e *Experiência e educação.*
- Ovide Decroly (1871-1932), pensador belga – Criou o método dos Centros de Interesse.

- Jean Piaget (1896-1980), psicólogo suíço – Investigou a natureza do desenvolvimento da inteligência e publicou várias obras, como *A epistemologia genética* e *A linguagem e o pensamento na criança*.

## Tendência pedagógica liberal renovada não diretiva

Essa tendência está fundamentada na obra do psicólogo norte-americano Carl Rogers (1902-1987). Ela demonstra que a escola prioriza os problemas psicológicos dos alunos, e não os aspectos pedagógicos e sociais. Do ponto de vista de Libâneo (2002, p. 27), "os procedimentos didáticos, a competência na matéria, as aulas, livros, tudo tem muito pouca importância, face ao propósito de favorecer [...] um clima de autodesenvolvimento e realização pessoal, o que implica estar bem consigo mesmo e com seus semelhantes".

Os conteúdos são considerados secundários, portanto, prescindíveis, como também o são os métodos de ensino. O professor que assume a postura pedagógica identificada com essa tendência expressa-se pela habilidade nas relações humanas, por aceitar a pessoa do estudante, pela aptidão de ser confiável e receptivo e pela crença na capacidade de autodesenvolvimento do aluno.

Assim, conforme Libâneo (2002, p. 28), "Aprender [...] é modificar suas próprias percepções; daí que apenas se aprende o que estiver significativamente relacionado com essas percepções. Resulta que a retenção se dá pela relevância do aprendido em relação ao 'eu', ou seja, o que não está envolvido no 'eu' não é retido nem transferido".

Nessa visão, privilegia-se a autoavaliação em detrimento da avaliação usualmente adotada nas escolas.

## Tendência pedagógica liberal tecnicista

Nessa tendência, escola e sistema produtivo estão diretamente relacionados, formatando o comportamento humano com o uso de técnicas específicas para "produzir indivíduos 'competentes' para o mercado de trabalho" (Libâneo, 2002, p. 29).

Os conteúdos de ensino consistem em informações, princípios científicos e leis apresentados em sequência lógica e objetiva, de forma que o conhecimento seja observável e mensurável. São organizados em manuais, livros didáticos, módulos de ensino, meios audiovisuais, entre outros recursos.

Os métodos de ensino limitam-se à adoção de procedimentos e técnicas essenciais à manutenção de condições ambientais que favoreçam a transmissão/recepção de informações, de modo que não há espaço para debates, discussões e questionamentos.

*O professor administra as condições de transmissão da matéria, conforme um sistema instrucional eficiente e efetivo em termos de resultados de aprendizagem; o aluno recebe, aprende e fixa as informações. O professor é apenas um elo [...] entre a verdade científica e o aluno, cabendo-lhe empregar o sistema instrucional previsto.* (Libâneo, 2002, p. 30)

Os pressupostos de aprendizagem que fundamentam a tendência tecnicista consideram o aprender como modificação de desempenho, de modo que o ensino consiste em um processo de condicionamento mediante uso de reforço às respostas que se quer obter.

Essa tendência fundamenta-se nos estudos de Burrhus Frederic Skinner (1904-1990), psicólogo norte-americano cujas principais obras são: *Sobre o behaviorismo* e *O mito da liberdade*.

# (2.3) Pedagogia progressista

Segundo Libâneo (2002), a tendência pedagógica progressista está classificada em: libertadora; libertária; e crítico-social dos conteúdos.

## Tendência pedagógica progressista libertadora

A tendência pedagógica progressista libertadora fundamenta-se nos estudos de Paulo Freire. Como essa pedagogia (também chamada de *problematizadora*) já foi abordada anteriormente, passamos para o estudo da tendência pedagógica progressista libertária.

## Tendência pedagógica progressista libertária

É fundamentada nos estudos do pedagogo espanhol Francisco Ferrer Guardia (1859-1909). As ideias que predominam nessa tendência partem do princípio de que deve haver a autogestão pedagógica, cuja função é resistir à burocracia, vista como instrumento de ação dominadora do Estado.

Para essa linha metodológica, os conteúdos a serem trabalhados não são exigidos, eles são colocados à disposição do aluno, porque, segundo Libâneo (2002, p. 36), "importante é o conhecimento que resulta das experiências vividas pelo grupo, especialmente a vivência de mecanismos de participação crítica". A atividade em grupo, na forma de autogestão, é muito valorizada e aplicada; nada é construído de forma isolada. A ação de trabalho tem um caráter muito mais político do que pedagógico.

A relação professor-aluno estabelece-se em uma base em que "o professor é um orientador e um catalisador, ele se mistura ao grupo para uma reflexão em comum" (Libâneo, 2002, p. 37).

Para Libâneo (2002, p. 38), "as formas burocráticas das instituições existentes, por seu traço de impessoalidade, comprometem o crescimento pessoal. A ênfase na aprendizagem informal, via grupo, e a negação de toda forma de repressão visam favorecer o desenvolvimento de pessoas mais livres".

## Tendência pedagógica progressista crítico-social dos conteúdos

A tendência pedagógica progressista crítico-social dos conteúdos se fundamenta nos estudos de Carlos Libâneo e Dermeval Saviani. Tem como característica principal, segundo Libâneo (2002), a difusão dos conteúdos, que não são abstratos, mas vivos, concretos, indissociáveis das realidades sociais. Trata-se, segundo ele, de "conteúdos culturais universais que se constituíram em domínios de conhecimento relativamente autônomos, incorporados pela humanidade, mas permanentemente reavaliados face às realidades sociais" (Libâneo, 2002, p. 39).

A atividade didático-pedagógica relaciona a experiência vivida pelos alunos com os conteúdos a serem desenvolvidos. É imprescindível que o professor compreenda o que o aluno diz e faz, da mesma maneira que é importante que o aluno compreenda o que o professor está querendo dizer. Conforme Libâneo (2002), é mediante tal compreensão que o aluno consegue superar sua visão parcial e confusa da realidade e desenvolve, por fim, uma visão mais nítida e unificadora. Esse entendimento caracteriza um MOMENTO DE SÍNTESE, e é nele que a aprendizagem realmente ocorre.

## Atividades

1. O pensamento de Paulo Freire pode ser sintetizado no seguinte trecho do livro *Pedagogia da autonomia*: "quando entro em uma sala de aula devo estar sendo um ser aberto às indagações, à curiosidade, às perguntas dos alunos, as suas inibições; um ser crítico e inquiridor, inquieto em face da tarefa que tenho – a de ensinar e não a de transferir conhecimento" (Freire, 2006, p. 47). Como a postura de Freire pode ser concretizada em sala de aula? Por que é importante vincular os conteúdos trabalhados em classe com a realidade em que a escola está inserida?

2. Em determinada escola, o professor realiza sua ação docente seguindo a premissa de que sua função é de transferir conhecimento. Ao adotar essa concepção, ele embasa seu fazer pedagógico na tendência:

   a) liberal tecnicista.
   b) libertadora.
   c) crítico-social dos conteúdos.
   d) liberal tradicional.
   e) liberal renovada não diretiva.

3. Classifique em educação BANCÁRIA ou PROBLEMATIZADORA as seguintes expressões:

a) Caracteriza-se pela prática domesticadora, ou seja, o saber do professor é depositado no aluno.
Educação _____.

b) O comprometimento com a transformação social é uma das premissas da educação.
Educação _____.

c) O conhecimento é imposto, não sendo relacionado à realidade do aluno.
Educação _____.

d) Objetiva o desenvolvimento da consciência crítica.
Educação _____.

e) Professor e aluno são sujeitos do processo de ensino e aprendizagem.
Educação _____.

( 3 )

Tendências pedagógicas:
outra perspectiva

Neste capítulo, examinaremos os posicionamentos de dois educadores e pensadores brasileiros, Fernando Becker e Maria da Graça Nicoletti Mizukami, que explicitam abordagens pedagógicas relacionadas ao processo de ensino e aprendizagem.

# (3.1) Modelos pedagógicos e epistemológicos: perspectiva de Becker

Becker[a] (2012) defende que existem dois modelos de representar a relação entre ensino e aprendizagem: PEDAGÓGICOS e EPISTEMOLÓGICOS. Os modelos pedagógicos subdividem-se em pedagogia diretiva, pedagogia não diretiva e pedagogia relacional, cada uma das quais com seu pressuposto epistemológico. Na sequência, explicaremos cada uma dessas concepções de maneira pormenorizada.

## Pedagogia diretiva

Conforme Becker (2012), a pedagogia diretiva adota um espaço educativo no qual as carteiras são enfileiradas, de modo a não favorecer interações entre os alunos; o silêncio deve ser cumprido e a palavra é monopolizada pelo professor: ele fala e o aluno se limita a escutar. O docente dita, cabendo ao aluno copiar, apenas como o executor das ordens do mestre. Para descrevermos tal quadro em linguagem epistemológica, o aluno é o objeto (O) e o professor é o sujeito (S).

Nessa perspectiva, o professor ensina e o aluno aprende. Isso revela que o docente exerce sua função, com base no conceito de transmissão do conhecimento. Dessa forma, vê o aluno como uma tábula rasa, uma folha em branco, ou seja, alguém que não tem nenhum saber. Essa pedagogia se fundamenta na EPISTEMOLOGIA EMPIRISTA, que é alicerçada pela crença de que o conhecimento está no meio físico (objeto) ou social. Epistemologicamente, segundo Becker (2012), a relação que se estabelece pode ser representada da seguinte forma:

$$S \leftarrow O$$

---

a. Fernando Becker é doutor em Psicologia Escolar e atua profissionalmente na Faculdade de Educação da Universidade Federal do Rio Grande do Sul (UFRGS).

De acordo com Becker (2012), o professor considera que seu aluno é uma tábula rasa não somente quando nasceu, mas perante cada novo conteúdo que se vai construir. Nessa perspectiva, entende-se que somente o professor tem condições de gerar um novo conhecimento no aluno. Dessa forma, "tudo que o aluno tem a fazer é submeter-se à fala do professor: parar, ficar em silêncio, prestar atenção e repetir o que foi transmitido tantas vezes quantas forem necessárias, copiando, lendo o que copiou, repetindo o que copiou etc., até o conteúdo [...] aderir em sua mente" (Becker, 2012, p. 16). Nesse modelo pedagógico, temos, epistemologicamente, a seguinte relação:

$$A \leftarrow P$$

"O professor (P), representante do meio social ou do sistema educacional, da escola e do currículo no qual se insere a disciplina que leciona, determina o aluno (A) que é considerado tabula rasa frente a cada novo conteúdo. [...] É o modelo [...] do FIXISMO, da REPRODUÇÃO, da REPETIÇÃO" (Becker, 2012, p. 17, grifo nosso).

## Pedagogia não diretiva

Na pedagogia não diretiva, o professor assume a função de FACILITADOR, de auxiliador do aluno. "O aluno já traz um saber ou uma capacidade de conhecer que ele precisa, apenas, trazer à consciência, organizar, ou, ainda, rechear de conteúdo" (Becker, 2012, p. 17).

Conforme Becker (2012), esse modelo pedagógico caracteriza-se pelo regime *laissez-faire*: deixar fazer, pois assim o aluno encontra seu caminho, cabendo ao professor interferir o mínimo possível. Dessa forma, para o professor, o aluno aprende por si mesmo.

A base epistemológica que sustenta esse modelo pedagógico é o APRIORISMO, que pode ser representado da seguinte forma:

$$S \rightarrow O$$

De acordo com esse pressuposto epistemológico, "o ser humano nasce com o conhecimento já programado na sua herança genética" (Becker, 2012, p. 18), e é suficiente o mínimo de interferência do meio físico ou social para seu desenvolvimento.

Esse modelo pedagógico nega o polo de ensino e atribui valor absoluto à aprendizagem, o que significa que o professor abdica de sua atuação fundamental como docente: a intervenção no processo de aprendizagem do aluno. Caracteriza-se, aqui, a seguinte relação:

$$A \to P$$

O aluno (A) é quem determina a ação ou não do professor (P).

## Pedagogia relacional

Na pedagogia relacional, o professor acredita que o aluno já tem um conhecimento construído e que isso serve de base para a construção de novos conhecimentos. Como modelo epistemológico, podemos representá-lo da seguinte forma:

$$S \longleftrightarrow O$$

Para a pedagogia relacional, o aluno aprende novos conhecimentos se ele agir e problematizar sua ação.

A metodologia utilizada é aquela que possibilita ao aluno pensar, refletir, descobrir, analisar, comparar e interagir com o objeto de conhecimento. Consequentemente, segundo Becker (2012, p. 22), "aprendizagem é, por excelência, construção". Assim, o conteúdo é desenvolvido de forma desafiadora, interativa, cabendo ao professor a função de mediador da aprendizagem. Nesse modelo epistemológico, temos a seguinte representação:

$$A \longleftrightarrow P$$

Para Becker (2012), não há lugar nessa pedagogia para uma disciplina policialesca e para uma figura autoritária de professor. Trata-se, afinal, da construção de uma disciplina intelectual e de regras de convivência, o que possibilita a criação de um espaço fecundo de aprendizagem. "O resultado de uma sala de aula assim configurada é a construção e a descoberta do novo, é a criação de uma atitude de busca e de coragem que essa busca exige" (Becker, 2012, p. 26), e a premissa é a de que o aluno constrói seu próprio conhecimento.

# (3.2) Abordagens do processo de ensino e aprendizagem: perspectiva de Mizukami

Mizukami[b] (2001) classifica o processo de ensino em cinco abordagens: tradicional, comportamentalista, humanista, cognitivista e sociocultural.

## Abordagem tradicional

O ensino na abordagem tradicional é centrado no professor voltado ao que é externo ao aluno, como o programa e os componentes curriculares (Mizukami, 2001).

Nessa abordagem, o adulto é considerado homem acabado e pronto, e o aluno, "um 'adulto em miniatura', que precisa ser atualizado" (Mizukami, 2001, p. 8). O aluno, que é instruído pelo professor, deve limitar-se a seguir prescrições previamente estabelecidas por autoridades exteriores (Mizukami, 2012). Dessa forma, a inteligência é concebida como uma faculdade capaz de acumular e armazenar informações.

---

b. Maria da Graça Nicolletti Mizukami é paulista, pedagoga, doutora em Psicologia Educacional e professora universitária.

A escola é o lugar onde se realiza a educação, restringindo-se a um processo de transmissão de informações que se desenrola em sala de aula. A natureza de grande parte das tarefas destinadas aos alunos exige deles participação individual.

O ensino, na abordagem tradicional, é caracterizado por se preocupar mais com a variedade e a quantidade de conceitos e informações do que com a formação do pensamento reflexivo. As tarefas de aprendizagem quase sempre são padronizadas, o que implica poder recorrer à rotina para fixar conhecimentos e conteúdos.

A relação professor-aluno é VERTICAL, e o papel do professor está ligado à transmissão de conteúdo predefinido. Pede-se ao aluno a repetição automática dos dados, isto é, o docente traz o conteúdo pronto, e o aluno se limita, passivamente, a escutá-lo. A reprodução do conteúdo pelos alunos é considerada um poderoso e suficiente indicador de aprendizagem. São reprimidos os elementos ligados à vida emocional.

Nessa abordagem, todos os alunos são tratados igualmente e todos devem seguir o mesmo ritmo de trabalho. A avaliação é realizada por meio de provas e exames, chamadas orais e exercícios mediante os quais se medem a quantidade e a exatidão de informações que se consegue reproduzir. Dessa forma, a ênfase está na quantidade, e não na qualidade da aprendizagem.

## Abordagem comportamentalista

O conteúdo transmitido visa atingir objetivos e desenvolver habilidades que levem à competência, segundo a abordagem comportamentalista. O aluno é considerado um recipiente de informações e reflexões. Assim, o ensino é composto de padrões de comportamento que podem ser mudados por meio de treinamento. A educação se preocupa com aspectos mensuráveis e observáveis.

Mizukami (2001) esclarece que, pela abordagem comportamentalista, tanto a aprendizagem quanto a aquisição de comportamentos considerados positivos requerem um planejamento de contingências por parte do professor, que se destina a garantir o reforço de tendências comportamentais que se deseja desenvolver.

O processo de aprendizagem efetiva-se por condicionantes e reforçadores arbitrários de dois tipos: os DIRETOS (elogios, graus, notas, prêmios, reconhecimento por parte dos mestres e dos colegas e prestígio) e os GENERALIZADOS (diploma, vantagens para a futura profissão, aprovação final no curso, possibilidade de ascensão social e financeira, *status* profissional). A função básica do professor, portanto, é arranjar as contingências de reforço.

Cabe ao professor "planejar e desenvolver o sistema de ensino-aprendizagem" (Mizukami, 2001, p. 31) para maximizar o desempenho do aluno, considerando também a economia de tempo, os esforços e os custos. O professor é tido como engenheiro comportamental. Ao aluno, por sua vez, cabe responder ao controle de modo a internalizá-lo.

A avaliação da aprendizagem está diretamente ligada aos objetivos (Mizukami, 2001) e, por isso, acontece de três formas:

1. pré-testagem, para conhecer os conhecimentos prévios do aluno e poder planejar e executar as etapas seguintes do processo de ensino e aprendizagem;
2. no próprio decorrer do processo, fornecendo-se dados para o arranjo de reforços para os próximos comportamentos a serem modelados, o que ocorre à medida que os alunos têm conhecimento dos resultados de seu comportamento;
3. ao final do processo, para identificar se os comportamentos finais desejados foram adquiridos.

## Abordagem humanista

O professor, na abordagem humanista, não transmite conteúdo, mas dá assistência ao aluno, agindo como um FACILITADOR DA APRENDIZAGEM. O conteúdo advém das próprias experiências dos alunos, e o professor não os ensina, apenas cria condições para que os alunos aprendam. Dessa forma, a responsabilidade pela educação é, fundamentalmente, do próprio aluno, ou seja, o ensino é centrado no aluno.

A abordagem humanista não enfatiza técnicas ou métodos destinados a facilitar a aprendizagem. O termo-chave dessa abordagem é *envolvimento pessoal*, pois as aprendizagens acontecem por interesse do aluno. Por esse motivo, a aprendizagem tem de ser autodirigida e autoapropriada.

A relação professor-aluno é sempre pessoal e única e, assim, o professor não precisa obter competências. As competências básicas consistem em compreender a si mesmo e aos outros. O professor tem como função ser o facilitador da aprendizagem, devendo aceitar o aluno como ele é e compreender os sentimentos dele.

A ênfase da metodologia não está nas estratégias instrucionais, na técnica, no método ou nos recursos, mas na relação pedagógica, no clima favorável ao desenvolvimento das pessoas, na liberdade para aprender e no respeito aos alunos. Nesse sentido, o ensino é uma atividade que fica em segundo plano, e o professor abdica de sua função maior, que é a de ensinar.

A avaliação é realizada sob a forma de autoavaliação, pois, conforme a proposta dessa abordagem, só o indivíduo pode conhecer realmente sua experiência.

## Abordagem cognitivista

Para essa abordagem, a aprendizagem ocorre no EXERCÍCIO OPERACIONAL DA INTELIGÊNCIA e só se realiza realmente quando o aluno elabora seu conhecimento. A inteligência, aqui, é o instrumento da aprendizagem mais necessário, e o conhecimento humano é essencialmente ativo. Dessa forma, o processo educacional exerce um papel de extrema importância ao provocar situações que desequilibrem o aluno, as quais, contudo, devem ser adequadas ao nível de desenvolvimento cognitivo em que ele se encontra (Mizukami, 2001).

O objetivo da educação não consiste na transmissão de conhecimentos e informações, nas demonstrações de fórmulas e conceitos, na elaboração de modelos etc., mas sim no que o aluno aprende por conta própria, com a intervenção do professor (Mizukami, 2001).

O aprendizado, de acordo com essa abordagem, deve ser construído com base no ensaio e no erro, na pesquisa e na resolução de problemas por parte do aluno, e não na memorização de conteúdos (fórmulas, nomenclaturas, definições etc.) (Mizukami, 2001). Assim, a questão fundamental do ensino reside nos processos, em vez de nos produtos de aprendizagem. O ensino tem como enfoque "a organização dos dados da experiência, de forma a promover um nível desejado de aprendizagem") (Mizukami, 2001, p. 76).

Nessa abordagem, enfatiza-se o trabalho em grupo. Para além de possibilitar a socialização dos alunos, ele é decisivo no desenvolvimento intelectual. Os membros do grupo atuam de forma a exercer um controle lógico do pensamento individual, importante para o desenvolvimento mental do indivíduo, para a aquisição da autonomia e para a superação do egocentrismo natural que permeia o comportamento humano (Mizukami, 2001). O trabalho em grupo, uma forma de cooperação e desenvolvimento, pressupõe, e tem como condição indispensável, que os indivíduos se agrupem e que o tema estudado/pesquisado/nvestigado constitua um verdadeiro problema para todos (motivação intrínseca).

É função do professor, nesse contexto, criar situações de aprendizagem e condições que favoreçam o estabelecimento de uma reciprocidade intelectual e de uma cooperação ao mesmo tempo moral e intelectual. Mizukami (2001) salienta que cabe a ele agir de modo a evitar a rotina e a fixação de respostas e hábitos, devendo apresentar problemas aos alunos sem lhes ensinar as soluções; provocar desequilíbrios e propor desafios; mediar o processo de aprendizagem, oportunizando ampla margem de autocontrole e autonomia aos alunos; colocar-se no papel de investigador, mediador, pesquisador, orientador e coordenador, de modo a levar o aluno a trabalhar da maneira mais independente possível.

O aluno, nessa abordagem, tem função essencialmente ativa. Suas atividades básicas consistem em: observar, experimentar, comparar, relacionar, analisar, justapor, compor, encaixar, levantar hipóteses, argumentar etc. (Mizukami, 2001).

A avaliação, que toma por base parâmetros oriundos da própria teoria, busca "verificar se o aluno já adquiriu noções, conservações, realizou operações, relações etc." (Mizukami, 2001, p. 83). A aprendizagem pode ser avaliada "de acordo com sua aproximação a uma norma qualitativa pretendida" (Mizukami, 2001, p. 83), o que pode ser verificado por meio de redações livres, elaboradas com expressões próprias; de relações entre os conceitos estudados; da capacidade do aluno de reproduzir, sob diferentes aspectos e formatos, os conteúdos; de explicações práticas e causais etc.

Por nesse modelo, as soluções erradas devem ser consideradas, porque são entendidas como hipóteses incompletas elaboradas pelos alunos, pois a interpretação do mundo, dos fatos e da causalidade é realizada de forma qualitativamente distinta nos diferentes estágios do desenvolvimento, quer individual, quer da espécie humana.

## Abordagem sociocultural

A visão da abordagem sociocultural é a de que o homem se constrói à medida que, "integrado em seu contexto, reflete sobre ele e com ele se compromete, tomando consciência de sua historicidade" (Mizukami, 2001, p. 90).

A elaboração e o desenvolvimento do conhecimento, sob a perspectiva sociocultural, são indissociáveis do processo de CONSCIENTIZAÇÃO. Assim, o conhecimento é construído por meio de um condicionamento recíproco entre pensamento e prática.

Segundo Mizukami (2001, p. 94), os seguidores dessa abordagem defendem que "Toda a ação educativa [...] deve, necessariamente, ser precedida tanto de uma reflexão sobre o homem como de uma análise do meio de vida desse homem concreto, a quem se quer ajudar para que se eduque". O professor, ao assumir essa missão transformadora, colocará em discussão elementos que permitam ao aluno questionar a cultura dominante. Para isso, sua prática deverá, entre outras coisas, valorizar a linguagem do aluno e, sobretudo, sua cultura. Nesse contexto, o objetivo mais importante a se atingir com o processo de ensino e aprendizagem é o de buscar a superação da relação opressor-oprimido. A verdadeira educação, sob o prisma da abordagem sociocultural, consiste na EDUCAÇÃO PROBLEMATIZADORA.

A relação professor-aluno é HORIZONTAL, e não imposta. Com base nela, o professor procura criar condições para que, ao lado dos alunos, a consciência ingênua seja superada. "O diálogo é desenvolvido, ao mesmo tempo que são oportunizadas a cooperação, a união, a organização, a solução comum de problemas" (Mizukami, 2001, p. 99).

A avaliação é realizada por meio de autoavaliação do aluno. Além disso, a própria prática educativa é mútua e permanentemente avaliada por professor e alunos. Os processos tradicionais de avaliação do redimento escolar, por meio de exames realizados pelos estudantes e atribuição de notas pelo professor, não têm sentido quando se adota essa abordagem.

## Atividades

1. Com base na prática pedagógica relacional proposta por Becker (2012), qual seria o resultado do processo de ensino e aprendizagem?

   Reflita mais um pouco e responda: Considerando a ação docente, como é possível desenvolver uma prática educativa dedicada à formação de sujeitos críticos, criativos, que saibam argumentar e ler, além das palavras, o mundo?

2. Classifique em pedagogia DIRETIVA, NÃO DIRETIVA OU RELACIONAL as caracterizações de alunos e professores propostas a seguir.

   a) O aluno aprenderá se agir e problematizar sua ação.
   Pedagogia _____.

   b) O professor fala e o aluno ouve.
   Pedagogia _____.

c) O professor tem um papel de auxiliar o aluno.
Pedagogia _____.

d) O professor decide o que o aluno deve fazer.
Pedagogia _____.

e) O aluno realiza o que o professor manda e decide.
Pedagogia _____.

f) A palavra é monopólio do professor.
Pedagogia _____.

g) O aluno é capaz de aprender sempre.
Pedagogia _____.

3. Analise os contextos das aulas descritas a seguir e identifique as abordagens de ensino sob a perspectiva apresentada por Mizukami (2001). Em seguida, assinale as alternativas corretas.

## Aula 1

A professora Rosa inicia a aula com uma exposição verbal sobre a preservação do meio ambiente. A seguir, enumera no quadro aspectos-chave das diversas situações de degradação do meio ambiente pela ação do homem e continua analisando, verbalmente, cada aspecto e as dimensões econômicas e sociais que resultam da não preservação do meio ambiente. Os alunos ouvem, fazem perguntas e anotações em seus cadernos.

a) Abordagem cognitivista.
b) Abordagem tradicional.
c) Abordagem humanista.
d) Abordagem sociocultural.
e) Abordagem comportamentalista.

## Aula 2

A professora Luísa inicia a aula solicitando aos alunos a leitura de textos atualizados, que tratam de situações ligadas à preservação do meio ambiente. Depois da leitura, a professora situa esses acontecimentos nos âmbitos econômico e social por meio de breve explanação verbal. A seguir, dispõe os alunos em pequenos grupos e distribui textos para que eles levantem questões para debater com toda a sala. No decorrer do processo, a professora percebe que os alunos precisam aprimorar seus conhecimentos sobre o tema. Assim, ela os orienta a realizar procedimentos que possibilitem o aprofundamento por meio de pesquisa em livros e na internet.

a) Abordagem cognitivista.
b) Abordagem tradicional.
c) Abordagem humanista.
d) Abordagem sociocultural.
e) Abordagem comportamentalista.

( 4 )

Professor reflexivo e pesquisador

**N**este capítulo, buscaremos mostrar a importância da relação entre trabalho pedagógico e pesquisa, de modo a enfatizar o professor como sujeito reflexivo e pesquisador.

# (4.1) Como empreender a transformação

Segundo Candau (2000, p. 89),

*o educador nunca estará definitivamente "pronto", formado, pois que a sua preparação, a sua maturação se faz no dia a dia, na meditação teórica sobre a sua prática. A sua constante atualização se fará pela reflexão diuturna sobre os dados de sua prática. Os âmbitos de conhecimento que lhe servem de base não deverão ser facetas estanques e isoladas de tratamento do seu objeto de ação: a educação. Mas serão, sim, formas de ver e compreender globalmente, na totalidade, o seu objeto de ação.*

Vivenciamos, atualmente, uma imensidão de experiências distintas daquelas obtidas há cinco, dez, vinte anos, tanto em aspectos culturais e sociais quanto educacionais e tecnológicos, entre outros. Algumas indagações básicas se apresentam nesse contexto, como:

- Por que a escola não se modifica e os professores não atualizam sua forma de pensar, investindo em novas estruturas de planejamento?
- As tecnologias da informação e da comunicação estão somente nos extramuros da escola?
- Por que não se abordam os estilos musicais, os novos dialetos, a cultura juvenil e o multiculturalismo?
- Por que se continua a perpetuar conteúdos e saberes que não correspondem mais à atual sociedade?

Quando as pedagogias se enquadram em um lugar-comum, reproduzem significados culturais e sociais. Porém, as pedagogias que não compactuam com a mera produção formalizadora de significados buscam, por meio de novas construções, estabelecer uma nova relação entre os vínculos políticos com seus meios de produção e recepção e as práticas sociais que as legitimam.

Sobre esse tema, Zabala (2002, p. 16) entende que: "Uma coisa é a organização dos saberes a partir de uma perspectiva científica e outra, bastante distinta, é como devem ser apresentados e ensinados os conteúdos desses saberes para que sejam aprendidos em maior grau de profundidade".

Nesse sentido, o professor precisa repensar sua prática pedagógica, abrindo-se a uma nova premissa em educação, que é a da construção de conhecimento da problematização de hipóteses, em busca de, mediante uma postura reflexiva, tornar-se pesquisador. E como o professor pode empreender essa transformação? Por meio de uma constante atualização teórica, para que a prática pedagógica seja inovadora. É importante esclarecer, porém, o que é a pesquisa em si. Portanto, descreveremos, a seguir, as principais noções ligadas à pesquisa qualitativa e, posteriormente, os princípios da pesquisa em sala de aula.

## (4.2) Pesquisa qualitativa em educação

Conforme esclarecem Bogdan e Biklen (1994, p. 11):

*Um campo que era dominado pelas questões da mensuração, definições operacionais, variáveis, testes de hipóteses e estatística alargou-se para contemplar uma metodologia de investigação que enfatiza a descrição, a indução, a teoria fundamentada e o estudo das percepções pessoais. Designamos esta abordagem por "Investigação Qualitativa".*

A pesquisa qualitativa procura compreender o processo das relações estabelecidas na sociedade. Assim, os investigadores qualitativos preocupam-se com o contexto social, buscando em orientações teóricas a análise da realidade socialmente construída.

Nesse sentido, o objetivo principal do investigador é CONSTRUIR CONHECIMENTO, e não opinar sobre determinado contexto. O estudo realizado deve ser capaz de gerar teoria, descrição ou compreensão. A preocupação central do investigador não será a de generalizar os dados, mas a de indagar a que outros contextos e sujeitos sua pesquisa pode ser relacionada.

Dessa forma, a pesquisa qualitativa difere da quantitativa. Para Bogdan e Biklen (1994), na pesquisa quantitativa, a importância das percepções pessoais tanto do pesquisador quanto do pesquisado e os processos descritivos são ignorados. Esses autores enfatizam, assim, algumas características diferenciadas da investigação qualitativa, quais sejam:

- O contato direto e prolongado do pesquisador com o ambiente e a situação investigada é pressuposto nesse processo.
- A fonte dos dados é o ambiente natural, e o pesquisador é seu principal instrumento.
- Os dados coletados são predominantemente descritivos, o que pode gerar riqueza de informações.
- O processo de trabalho é maior que o produto, ou seja, o resultado é sempre associado ao contexto no qual ocorreu a investigação.
- A perspectiva dos participantes, por meio da observação e da análise do cotidiano, é alvo de captura pelo pesquisador.
- A análise dos dados ocorre como um processo indutivo.
- Os dados coletados transformam-se em categorias, a fim de possibilitar sua análise por meio de correntes teóricas atuais.

As pesquisas qualitativas e quantitativas têm pressupostos diferentes e também metodologias próprias. A pesquisa quantitativa utiliza-se de questionários estruturados para obter uma estatística descritiva, e a abordagem qualitativa, por sua vez, funda-se em um escrutínio empírico e sistemático, com base em dados obtidos por meio de entrevistas, observações, análise documental, entre outros recursos.

## (4.3) Estruturação de uma pesquisa

Para Bogdan e Biklen (1994), na construção de um plano de investigação, ou seja, de uma proposta de pesquisa qualitativa, devem-se considerar alguns elementos na estruturação do projeto de pesquisa, os quais elencamos a seguir.

- Escolha do estudo ou tema da investigação – Temas instigantes, inovadores, por meio dos quais a possibilidade de investigar esteja presente. A questão da praticidade também deve ser levada em conta ao se eleger o tema de pesquisa, ou seja, o acesso aos sujeitos, às teorias e às fontes. Devem ser evitadas pesquisas que ocorram em localidades distantes (principalmente se o pesquisador não puder se locomover por algum motivo ao destino da pesquisa) ou de difícil argumentação teórica (questão importantíssima).

- Possível estruturação da pesquisa por meio de estudos de caso – "O estudo de caso consiste na observação detalhada de um contexto ou indivíduo, de uma única fonte de documentos ou de um acontecimento específico" (Bogdan; Biklen, 1994, p. 89). Pode-se pesquisar um grupo social maior ou realizar comparações de dados – por exemplo, Escola A e Escola B – ou, ainda, fazer estudos de caso em múltiplos locais.

- Observação inicial – Tratamento histórico do ambiente para compreender situação atual. Trata-se de adaptar o trabalho de campo anterior à proposta de investigação.

- Trabalho de campo – Inserção do pesquisador no espaço a ser pesquisado. Nessa fase, deve-se buscar propor algumas questões, tais como: "O que vou fazer exatamente? Vou causar perturbação? E os resultados? Por que esta instituição? Quais são os benefícios do estudo?" (Bogdan; Biklen, 1994, p. 90). Deve haver persistência, flexibilidade e criatividade.

- Métodos de coleta de dados – É preciso levar em conta alguns procedimentos, tais como:

  - Observação – Focos delimitados pelos propósitos específicos do estudo. Registro detalhado do que está sendo observado, visto, dito. É a descrição dos sujeitos, a reconstrução dos diálogos, a descrição dos locais, a descrição de eventos especiais, a descrição das atividades e o comportamento do observador/observado.

  - Registro – Após a observação, registrar o dia, a hora e o local do trabalho de pesquisa a ser efetivada. É preciso utilizar a estrutura de notas de campo, registrando os acontecimentos e os diálogos mais relevantes.

Bogdan e Biklen (1994, p. 150) salientam ainda que as notas de campo seriam: "o relato escrito daquilo que o investigador ouve, vê, experiencia e pensa no decurso da recolha e refletindo sobre os dados de um estudo qualitativo". Com essa perspectiva em mente, em um estudo de OBSERVAÇÃO PARTICIPANTE, os autores destacam que as notas de campo começam a estar presentes com a incursão do pesquisador no cotidiano e podem ser classificadas em dois tipos: DESCRITIVA e REFLEXIVA. O primeiro tipo de nota diz respeito ao registro do observado, e o segundo é destinado a avaliar as observações de campo. Nos aspectos descritivos, o pesquisador deve fazer retratos dos sujeitos, reconstrução do diálogo, descrição do espaço físico, relatos de acontecimentos particulares, descrição de atividades e comportamento do observador. Nos aspectos reflexivos, deve-se ater a reflexões sobre a análise, o método, os conflitos e os dilemas éticos; e também sobre a perspectiva do observador e os pontos de clarificação. Assim, os dois aspectos propostos pelos autores visam à elaboração e à clarificação dos dados obtidos em campo.

- ENTREVISTAS – Devem ser semiestruturadas, ou seja, com algumas questões elaboradas pelo pesquisador e outras formuladas no momento de sua execução, conforme as respostas dos entrevistados. Na entrevista, a informação é cumulativa. Bogdan e Biklen (1994) destacam que, com o intuito de clarificar as questões pesquisadas, os pesquisadores se transformam em detetives, buscando compreender a perspectiva pessoal dos sujeitos envolvidos. As entrevistas podem ser gravadas, para, em um segundo momento, serem transcritas.

- ANÁLISE DOCUMENTAL – "Quaisquer materiais escritos que possam ser usados como fonte de informação" (Bogdan; Biklen, 1994, p. 84) podem e devem ser analisados. Um questionamento que serve para delimitar o material que será adotado é sobre os tipos de documentos: oficial, técnico, pessoal etc.

- ANÁLISE DOS DADOS – "Processo de busca e de organização do material obtido durante a investigação/pesquisa" (Bogdan; Biklen, 1994, p. 95). Nessa fase, pretende-se reduzir os dados, criar categorias de análise. Devem ser respeitadas as fases a seguir:
  - delimitação do foco de estudo, compreendido como o objetivo geral da pesquisa;
  - formulação de questões analíticas, ou seja, questões norteadoras, compreendidas como os objetivos específicos do estudo;
  - aprofundamento da revisão da literatura sobre a temática: o foco deve estar relacionado aos objetivos do estudo;
  - construção de categorias ou tipologias e arcabouço teórico em que se apoia a pesquisa, os quais devem refletir os propósitos da pesquisa, ou seja, responder aos seus objetivos e às questões norteadoras.
- REDAÇÃO PARA FUTURA PUBLICAÇÃO – Nessa fase, devem-se levar em conta as normas da Associação Brasileira de Normas Técnicas (ABNT). De uma forma resumida, apresentamos um exemplo de como estruturar a redação da pesquisa:
  - Tema – Apresentação do foco, problema de pesquisa.
  - Título – Deve ser criativo e revelar o tema para o leitor.
  - Introdução – Apresentação do foco do estudo. Deve explicitar as técnicas utilizadas, a duração e a extensão do estudo, o número de sujeitos investigados e em que contexto eles estão inseridos; a natureza dos dados.
  - Fundamentação teórica – Não deve ser muito extensa.
  - Desenvolvimento – Esqueleto do manuscrito, que advém diretamente do foco do estudo. Descrição de todos os itens citados na introdução, tais como: observação, entrevistas, local de pesquisa.
  - Conclusão – Foco reafirmado, argumentos revistos. É uma proposta de investigação subsequente; problematizações podem estar sinalizadas nessa fase.

- Referências – Indicação das fontes citadas.
- Anexos – Material utilizado para análise dos dados. É a transcrição das entrevistas, das observações, dos documentos, das fotografias etc.

Adentrar o universo da pesquisa qualitativa é buscar constituir-se como pesquisador, contribuir para o desenvolvimento da ciência e, principalmente, para a problematização da relação de ensino e aprendizagem, considerando os distintos saberes.

# (4.4) Pesquisa em sala de aula

Como trabalhar com a pesquisa em sala de aula? Ser pesquisador ou utilizar algumas das ideias expostas a fim de contribuir com a prática educativa? É possível tornar-se professor-pesquisador calcando-se na contribuição acadêmica?

Segundo Lüdke e Boing (2004, p. 1178),

*advogamos a ideia de que a pesquisa do professor da escola básica é diferente daquela da academia, mas isso não significa que seja hierarquicamente inferior. O desenvolvimento de uma pesquisa própria, que não se restringe apenas à sua prática, mas aos conhecimentos específicos de sua identidade disciplinar e aos saberes docentes próprios do campo, contribuirá decisivamente para que o professor encontre os próprios rumos de sua profissionalização – contribuição necessária para a valorização do trabalho docente.*

É importante destacar que a pesquisa em sala de aula deve se originar de problemáticas vivenciadas no dia a dia pelo professor, tais como: exclusão, evasão, repetência, violência escolar, entre outros assuntos. São questões que podem enriquecer o trabalho cotidiano e estão associadas ao conhecimento científico e a buscas teóricas, como destaca Lüdke (2001). Uma pesquisa em sala de aula visa à solução da questão estudada e problematizada, de modo que se verifique se essa questão enriquecerá a aprendizagem dos alunos, permitindo a colaboração de todos com vistas a modificar o espaço pedagógico. Visa também à apresentação do trabalho aos colegas, para que um processo avaliativo colaborativo possa ocorrer, a fim de descobrir novas questões relevantes para o problema estudado.

O objetivo deve ser empreender uma pesquisa que possibilite a apropriação de conhecimentos culturais, sociais e científicos por parte dos alunos, por meio de uma mediação social, bem como que reconstrua conceitos teóricos e paradigmáticos, permitindo ao professor um processo de reflexão-ação sobre sua prática pedagógica, para que ele vislumbre novos mares, novas terras, talvez nunca explorados antes. São terrenos cheios de nuances distintas e, principalmente, de incertezas – aprender e ensinar são ações que se caracterizam pela busca constante do novo.

Mas o que pesquisar? Como construir uma proposta de pesquisa em sala de aula?

Indicamos propostas associadas à RELEITURA e à LEITURA CRÍTICA DA CULTURA, com base nas ideias do multiculturalismo crítico, compreendido como "a representação de raça, classe e gênero como o resultado de lutas sociais mais amplas sobre os signos e significações [...] [enfatizando] a tarefa central de transformar as relações sociais, culturais e institucionais nas quais os significados são gerados" (McLaren, 1997, p. 123).

Tal perspectiva permite explorar conceitos presentes em sala de aula, como cultura, raça, etnia, classe e gênero; problematizar o modo como a mídia opera com essas questões a fim de construir identidades, verdades sobre feminino, masculino, corpo, criança, jovem, adulto e velho; e questionar como os professores acabam por construir as mesmas verdades perpassadas pela mídia.

Pesquisas em sala de aula que evidenciem uma busca pela ousadia, pela criatividade e pela problematização de conceitos, verdades e teorias utilizadas pelos professores são fundamentais e devem desvelar a essência desejante presente no olhar da criança, muitas vezes ausente no olhar do professor.

# Atividades

1. Marque V para as proposições verdadeiras e F para as falsas nas questões a seguir. Justifique teoricamente as questões falsas.

( ) O professor deve buscar uma atualização teórica constante relacionada à sua prática educativa, a fim de possibilitar aos alunos um conhecimento rico e global acerca do tema trabalhado.

( ) Os pesquisadores qualitativos preocupam-se com o resultado da pesquisa apenas.

( ) O professor-pesquisador pode escolher qualquer temática, mesmo que não tenha relação com sua sala de aula e com a prática pedagógica.

( ) A pesquisa em sala de aula, realizada pelo professor, possibilita uma reconstrução de conceitos teóricos e paradigmáticos, que visam a um processo de reflexão-ação sobre a prática pedagógica.

( 5 )

Planejamento

O planejamento é uma atividade inerente à vida do ser humano. Planejamos o que vestir, o cardápio do jantar, a compra de um imóvel etc. Temos sempre mais de um plano em mente. Mas, por que planejamos?

Embora não seja possível prever o futuro, podemos pensar e programar projetos de vida e ações, agindo no presente. Planejar é, sem dúvida, uma estratégia para sobreviver.

Segundo Vasconcellos (2000a), as escolas também planejam pelas mesmas razões: antecipar mentalmente uma ação a ser realizada e agir de acordo com o previsto.

A necessidade de adquirir novas competências em um ambiente de imprevisibilidades, de grandes e profundas mudanças, no qual vivemos atualmente, tem levado as escolas a dar atenção especial ao planejamento. Planejar é uma tarefa complexa e exige visão estratégica e sistêmica. O processo de planejamento deixa a escola mais bem preparada para enfrentar as incertezas oriundas do mundo globalizado.

Para elucidarmos esse processo, apresentaremos, inicialmente, três conceitos importantes: *planejamento, tomada de decisão* e *plano*.

O PLANEJAMENTO é visto por Lacombe e Heilborn (2003, p. 162, grifo do original), como: "(a) a determinação da direção a ser seguida para se alcançar um *resultado* desejado ou como (b) a determinação consciente de *cursos de ação*, isto é, dos rumos". É, então, um processo de tomada de decisão. É, portanto, tomar a decisão antecipada sobre o que fazer, como fazer, quando fazer, onde e quem deve fazer.

A TOMADA DE DECISÃO é uma atitude gerencial que antecede o processo de planejamento como um todo. É uma tentativa racional, por parte da gestão da escola, de atingir os objetivos propostos pela organização.

O PLANO é a explicitação, na forma de registro, dessa reflexão e tomada de decisão. É a apresentação sistematizada das decisões tomadas (Vasconcellos, 2000a).

Para Libâneo (1994, p. 222), "o planejamento é um processo de racionalização, organização e coordenação da ação docente, articulando a atividade escolar e a problemática do contexto social". O referido autor afirma que tudo o que acontece no ambiente escolar está permeado pelas influências econômicas, políticas e culturais que caracterizam a sociedade de classes. Dessa forma, o planejamento precisa ser uma ação de reflexão considerando as opções e as ações que desejamos realizar na escola. De acordo com Vasconcellos (2000a, p. 35), "planejar ajuda a concretizar aquilo que se almeja (relação Teoria-Prática); aquele algo que planejamos é possível acontecer; podemos, em certa medida, interferir na realidade".

O planejamento tem sentido quando conta com uma intencionalidade: "é uma questão política, na medida em que envolve posicionamentos, opções, jogos de poder, compromisso com a reprodução ou com a transformação" (Vasconcellos, 2000a, p. 41). Planejar remete à intenção de mudar algo; acreditar na possibilidade de mudança de realidade; vislumbrar a possibilidade de realizar determinada ação.

O planejamento é um ato político-social, científico e técnico. Político-social porque está comprometido com as finalidades sociais e políticas, isto é, não se planeja sem ter compreensão da realidade. Científico, pois não se planeja sem ter conhecimento; e técnico, porque exige uma definição de meios eficientes para o alcance de resultados.

Segundo Vasconcellos (2000a, p. 36), "o fator decisivo para a significação do planejamento é a percepção por parte do sujeito da necessidade de mudança". Esse pressuposto é de fundamental importância, pois quem não está comprometido não pretende mudar nada e, consequentemente, não sente necessidade de planejar. Assim, o que acontece em sala de aula é mera reprodução, e o que acontece na escola como um todo é a manutenção do que já vem acontecendo, sem possibilidades de avaliação e redirecionamento de ações que venham ao encontro das necessidades da comunidade escolar.

Para organizar e consolidar o processo de planejamento em uma escola, Gandin (1994) propõe algumas etapas a serem seguidas. Vejamos.

## Preparação

Com o objetivo analisar os pontos básicos de um processo científico e participativo, a preparação visa ampliar a motivação para o planejamento e favorecer a eficiência nas etapas que se seguirão. Essa etapa pode ser realizada por meio de palestras e leituras de textos escolhidos.

## Elaboração do plano global a médio prazo

O plano global de médio prazo corresponde ao projeto político-pedagógico que será abordado na sequência das aulas na escola. Refere-se ao plano norteador de qualquer instituição, de modo a compreender seu todo. Com a participação de todos os membros da instituição, valorizando o que pensam, a elaboração do plano deve observar os seguintes passos:

- Marco referencial – É a parte do plano na qual uma instituição se compreende como integrante de uma realidade mais ampla; propõe-se como realizadora de um processo técnico específico de seu campo de ação, com vistas a tomar parte na consecução de sua proposta sociopolítica. O marco referencial subdivide-se em outros três:
  1. Marco situacional – a instituição entende-se como parte do mundo.
  2. Marco doutrinal – a instituição adota uma proposta político-social e a fundamenta.
  3. Marco operativo – a instituição firma o ideal de sua prática, objetivando contribuir para a construção da sociedade com que se compromete.
- Diagnóstico – Objetiva identificar a comparação de sua realidade presente com a realidade desejada, a qual é concretizada no marco operativo.
- Programação – É uma proposta de ação para diminuir a distância entre a realidade da instituição planejada e o que estabelece o marco operativo.
- Revisão geral – É uma verificação efetuada após a conclusão da programação, visando ao aprimoramento e a possíveis acertos nos textos, bem como para possibilitar a apropriação maior do plano pelos participantes.

- Planos globais a curto prazo – É a especificação operacional daquilo que no período curto de tempo – um ano, por exemplo – se fará do conjunto da programação que consta no plano a médio prazo;
- Planos setoriais – Refere-se aos setores da instituição (orientação educacional, supervisão, gestão, sala de aula, biblioteca etc).

No âmbito da escola, existem diferentes níveis de planejamento. Abordaremos alguns deles, lembrando que cada sistema de educação adota seus planos.

- Projeto político-pedagógico (PPP) – Define a política de educação da escola. No Capítulo 6, detalharemos esse tipo de planejamento.
- Plano global – Expressa orientações gerais que sintetizam as ligações da escola com o sistema escolar mais amplo e as ligações do projeto pedagógico com os planos de ensino. O plano global compreende os dados de identificação da escola; os objetivos da escola; o quadro demonstrativo de recursos humanos; a estrutura organizacional (equipe diretiva e conselho escolar); os serviços (orientação educacional, supervisão escolar, secretaria, biblioteca, laboratório de informática, laboratório de ciências, laboratório de aprendizagem etc.); a avaliação; e o calendário escolar.
- Plano de estudos – Expressa os componentes curriculares em termos de conhecimentos, competências e habilidades. Segundo Fiss e Caldieraro (2001, p. 14), o plano de estudos é o

*plano de trabalho que, além dos aspectos de distribuição do tempo, leva em conta os conteúdos programáticos de cada componente curricular – em termos de conhecimentos, habilidades e destrezas – sua relação com os demais componentes curriculares e a maneira como, em conjunto, serão capazes de contribuir para a saúde, a vida familiar e social, o trabalho, o meio ambiente e outros aspectos da vida cidadã.*

De acordo com Urban, Maia e Scheibel (2009, p. 129 e 130):

*Os planos de estudos para o ensino fundamental e o ensino médio são elaborados, considerando-se:*

- *os componentes curriculares propostos nos PCN, distribuídos pelas séries, ciclos ou etapas, e respectiva carga horária;*
- *os componentes curriculares de livre escolha da escola, a partir da realidade local e regional da sociedade, da economia, da cultura, constituindo a parte diversificada distribuída por série, ciclo ou etapa, com a respectiva carga horária;*
- *explicitação dos objetivos e da amplitude e profundidade com que será desenvolvido cada componente curricular.*

- Regimento escolar – É o instrumento formal e legal regulador da organização e do funcionamento da instituição no que diz respeito aos aspectos pedagógicos, considerando a legislação em vigor.
- Plano de aula – É a previsão do desenvolvimento dos diferentes conteúdos para uma aula ou um conjunto de aulas. Esse assunto será abordado com mais detalhes no decorrer desta obra.

## Atividades

1. Segundo Gandin (1994), o planejamento político-social tem como preocupação fundamental examinar os seguintes pontos: PARA QUÊ, PARA QUEM e COM O QUÊ. Por que é importante considerar essas questões?

2. Assinale V para as proposições verdadeiras e F para as falsas.

( ) Para atingir um alvo, uma meta, é preciso planejamento. Logo, planejar é antecipar mentalmente uma ação a ser realizada e agir de acordo com o previsto.

( ) O planejamento tem sentido quando não conta com uma intencionalidade. É uma questão política, na medida em que não envolve posicionamentos, opções, jogos de poder nem compromisso com a reprodução ou com a transformação.

( ) Planejar remete à intenção de mudar algo, acreditar na mudança de realidade e vislumbrar a possibilidade de realizar determinada ação.

( ) O planejamento é um ato político-social e pode ser criado sem conhecimento da realidade. É um ato científico, pois pode ser concretizado usando-se dados empíricos.

( ) O fator decisivo para a significação do planejamento é a percepção, por parte do sujeito, da necessidade de mudança.

( 6 )

Projeto político-pedagógico

A finalidade do projeto político-pedagógico (PPP) é organizar o trabalho pedagógico, caracterizando a identidade da escola e servindo de referencial e direção balizadora da práxis educativa.

Em sentido etimológico, a palavra *projeto* tem sua origem no termo latino *projectu/projicere*, cujo significado é "lançar para adiante".

A escola é o espaço em que o PPP é concebido, desenvolvido, avaliado, desconstruído e reconstruído, fundamentando-se no contexto sociocultural da comunidade escolar.

Veiga e Resende (2000, p. 9) afirmam que o PPP "exige profunda reflexão sobre as finalidades da escola, assim como a explicitação de seu papel social". Acrescentam, ainda, que "Seu processo de construção aglutinará crenças, convicções, conhecimentos da comunidade escolar, do contexto social e científico, constituindo-se em compromisso político e pedagógico coletivo" (Veiga; Resende, 2000, p. 9).

É importante pensar que a escola, ao elaborar seu projeto, precisa pensar em seu entorno, diagnosticar seu foco de atuação, isto é, identificar quem são seus alunos, suas necessidades, conhecer a realidade na qual está inserida, além de saber que mudanças deseja propor, por meio da educação, à comunidade em que está instalada para, depois, passar a identificar as necessidades comuns, do mercado de trabalho e do que acredita em termos de educação nos tempos atuais.

É necessário que a escola exerça sua autonomia e assuma o compromisso de construir seu PPP, pois, segundo Veiga e Resende (2000, p. 15), "a autonomia da escola é uma questão importante para o delineamento de sua identidade". Entretanto, ela precisa ter claro que interferências externas são inevitáveis. O cenário de mudanças políticas não deve, todavia, se sobrepor às decisões da escola, pois o projeto precisa ter uma continuidade, sendo reavaliado/desconstruído/reconstruído sob o olhar dos próprios envolvidos no processo educativo, tendo em vista assegurar sua razão de ser, que é o desenvolvimento do ser humano, em suas diferentes dimensões: social, emocional, espiritual e racional.

De acordo com Veiga e Resende (2000, p. 15), "para ser autônoma, a escola não pode depender somente dos órgãos centrais e intermediários que definem a política da qual ela não passa de executora". É preciso que a construção e o desenvolvimento do PPP estejam embasados no sentimento de necessidade, e não em mera obrigação ou imposição. Assim, é imprescindível haver coerência em três elementos do PPP: no plano físico (no papel), no discurso e no fazer das pessoas que participam da escola.

Dessa forma, segundo Vasconcellos (2006, p. 25), o PPP "deve expressar de maneira simples (o que não significa dizer simplista) as opções, os compromissos, a visão de mundo e as tarefas assumidas pelo grupo". Esse autor esclarece que "de pouco adianta um Projeto com palavras 'alusivas', chavões, citações e mais citações, quando a comunidade sequer se lembra de sua existência" (Vasconcellos, 2006, p. 25).

Vasconcellos (2006, p. 27) complementa afirmando que a elaboração participativa "é uma oportunidade ímpar de a comunidade definir em conjunto a escola que deseja construir".

Veiga e Resende (2000) ressaltam que a construção do PPP é dinâmica, e exige esforço coletivo e comprometimento. E acrescentam que a elaboração não pode ficar resumida à construção de um documento escrito exclusivamente por uma equipe de pessoas. A construção coletiva é o que possibilita a sustentação e a legitimação do projeto.

Vasconcellos (2006, p. 47) alerta que "se o sujeito não se envolver [e for envolvido], pode ver o projeto como sendo 'da direção' ou da mantenedora, algo externo a ele". Dessa forma, deixa de perceber que sua atuação na sala de aula deve ser a aplicação prática da teoria construída no PPP. As pessoas necessitam ter claro que tal projeto é de responsabilidade de todos os atores do processo educativo – equipe gestora, professores, alunos, funcionários e pais.

A construção do PPP deve estar embasada no diálogo e na interação entre os membros da equipe escolar, possibilitando a todos os envolvidos expressar suas concepções, em um espaço franqueado ao diálogo, oportunizando que a comunicação "flua" entre todos os setores da escola; com isso, haverá maior entendimento, clareza e respeito sobre os processos a serem desencadeados. Isso contribui para a harmonia das relações, não entendida aqui como algo em que não haja pontos de discordância, de críticas, mas como um ambiente de acolhimento do ponto de vista do outro, de respeito à diversidade de pensamentos, de "abrir mão" do próprio pensamento em razão de um objetivo maior, focado nos propósitos que a escola deseja alcançar.

Na construção coletiva do PPP, os sujeitos participantes desse processo precisam ter compreensão do que querem para a escola, com base no diagnóstico de sua realidade, de suas concepções de educação e de sociedade e das ações que devem acontecer para sua construção e efetivação.

É pela participação que as pessoas se sentem incluídas, respeitadas e valorizadas, sendo integrantes do trabalho a ser realizado, como sujeitos pensantes, capazes de tomar decisões e fazer escolhas. Todavia, precisamos entender que a atitude de participação ocorre pela necessidade de participar, de modo que a pessoa se sinta movida para tal. Ressaltamos, aqui, a importância da equipe gestora como líder do processo de construção do PPP, por ser a inspiradora da mobilização dos demais sujeitos atores da escola, fundamentando-se no princípio de que a equipe gestora já tem essa necessidade instalada e que a participação de todos é indispensável.

O processo participativo possibilita aos sujeitos exercitar a democracia, pois a construção coletiva requer que:

- todos sejam ouvidos;
- todos tenham direito a se expressarem;
- haja respeito à fala de cada um;
- o olhar de cada um esteja dirigido ao objetivo maior;
- haja respeito às decisões coletivas, o que leva à abdicação da postura particular, em benefício do bem maior.

Vasconcellos (2006, p. 26) salienta que "o par complementar da participação é a corresponsabilidade". Deve ficar claro que o planejamento é para todos e, consequentemente, cada um deve assumir a parte que lhe cabe, com base em uma visão sistêmica em prol dos propósitos da escola.

O certo é que, quanto maior e mais qualificada for a participação de todos, maior será a probabilidade de se alcançarem os objetivos previstos e em construção, elaborados coletivamente. Entretanto, cabe salientar que a concepção de construção coletiva não significa a soma das ideias de todos, uma vez que a complementação das ideias ultrapassa a soma das partes, produzindo novidades para cada opinião isolada, resultando, assim, em uma visão sistêmica.

Para Morin (2000, p. 94), "a ideia sistêmica, oposta à ideia reducionista, é que o todo é mais que a soma das partes. [...] a organização de um todo produz qualidades ou propriedades novas, em relação às partes consideradas isoladamente".

O PPP requer um contínuo processo avaliativo para que se identifiquem lacunas, reencaminhamentos, se está sendo desenvolvido com base no que foi elaborado inicialmente e se vem atendendo aos objetivos a que se propôs.

Pensar, repensar, refletir, agir e repensar caracteriza uma espiral que está sempre em movimento. É esse movimento que precisa ser adotado no projeto da escola.

Reforçamos o pensamento de que ele nunca estará completamente pronto, pois cada repensar sobre a prática – e sua articulação com o referencial teórico que o sustenta – conduz a uma desconstrução/reconstrução contínua e sistemática.

Tendo em vista que o PPP deve estar presente no planejamento, no discurso e na prática, é necessário estar atento ao fazer pedagógico dos envolvidos no processo, para que seja possível consolidar o que foi previsto. Nesse sentido, o acompanhamento da supervisão escolar precisa ter descaracterizado o olhar de fiscalização, de verificação e de controle do que não está dando certo, mas, ao contrário, deve imprimir um olhar de ajuda para o crescimento, de enaltecimento dos pontos positivos, de auxílio à construção de caminhos para aquilo que precisa ser melhorado.

É interessante ressaltar que o PPP não deve ser algo rígido, engessado, que imobilize a ação pedagógica. Deve, ao contrário, ser o inspirador de ações educativas que transformem e retroalimentem a prática e que possibilitem ressignificar a ação de todos os atores da escola.

O desafio colocado está, conforme Vasconcellos (2000b), em garantir que o grupo esteja unido em torno de uma causa enobrecedora e justa para a transformação da sociedade. Acentua que o PPP é um caminho para isso, tendo em vista sua dimensão participativa, "que favorece a unidade (não uniformidade), que vai se construindo no próprio processo de elaboração (construção da proposta e construção do coletivo [...])" (Vasconcellos, 2000b, p. 61).

É importante refletir que, para um PPP repercutir na vida dos alunos, ele precisa necessariamente repercutir também na vida de todos os integrantes da escola. Com a constatação de seu efeito e significado, os professores veem mais sentido em colocá-lo em sua prática pedagógica.

Dessa forma, à medida que o professor sente os reflexos do projeto em sua própria vida escolar, ele aprimora seu saber ser, saber fazer, saber aprender e saber conviver (Delors, 1999) e vai exercendo liderança, como capacidade e potencial de influência, perante seu grupo de alunos, além de estabelecer uma relação de parceria com eles.

Com liderança e inspiração, faz com que os alunos se comprometam, compartilhando ideias, projetos, ações, com probabilidade de alcançar melhores resultados.

É importante a presença desse líder e mediador na sala de aula, pois sua atuação, quando exemplar, estimula os alunos ao autodesenvolvimento e ao emprego de toda a sua potencialidade, buscando padrões mais elevados de desempenho.

Uma escola existe porque nela há pessoas atuantes, com potencial para estabelecer modificações, o que faz dela um sistema aberto, que vibra, que sente, que reage, que tem vida! Assim, a escola é capaz de compartilhar questões com a comunidade em que está inserida, e isso possibilita que ela se renove, inove e atenda às necessidades que surgem.

É preciso que haja questionamentos em relação à escola, por parte dos profissionais envolvidos com o processo educativo, de maneira a propiciar sua desconstrução/reconstrução permanente, pois essa é uma das vias que conduzem à inovação, com perspectiva de agregação de valor.

Para a elaboração de um PPP, conforme Veiga e Resende (2000), algumas perguntas precisam ser respondidas, tais como:

- Que compreensão se tem da sociedade atual?
- Como se caracteriza o contexto da escola?
- Que concepção se tem do homem?
- Que tipos de aluno se quer ajudar a formar?
- Que experiências devem ser propiciados aos alunos?
- Quais são as concepções de escola, de gestão e de processo de ensino e aprendizagem?

As autoras concluem que a reflexão e a discussão dessas questões conduzem à definição das intenções, dos propósitos, das perspectivas, das experiências, dos valores e dos interesses humanos que precisam estar presentes no decorrer de um processo permanente de construção de um PPP coerente, orientado e aplicável.

Segundo Veiga (2006, p. 13), o PPP da escola é "um projeto político por estar intimamente articulado ao compromisso sociopolítico, aos interesses reais e coletivos da população majoritária". Veiga justifica os aspectos político e pedagógico no compromisso com a formação do cidadão pela "efetivação da intencionalidade da escola, que é a formação do cidadão participativo, responsável, compromissado, crítico e criativo" (Veiga, 2006, p. 13). Essas duas dimensões, política e pedagógica, devem estar articuladas por meio de uma relação recíproca e indissociável, viabilizando o exercício da cidadania a todos os membros da comunidade escolar.

Vasconcellos (2000b), apoiado nos estudos de Danilo Gandin, apresenta as três partes que, articuladas, compõem o PPP: MARCO REFERENCIAL, DIAGNÓSTICO e PROGRAMAÇÃO. No quadro a seguir, proposto pelo autor, é possível identificar o que caracteriza cada uma dessas partes.

*Quadro 6.1 – Partes constituintes do PPP*

| | | |
|---|---|---|
| MARCO REFERENCIAL | O que queremos alcançar? | É a busca de posicionamento: POLÍTICO – visão de ideal de sociedade e de homem. PEDAGÓGICO – definição sobre as características que deve ter a instituição que planeja. |
| DIAGNÓSTICO | O que nos falta para ser o que desejamos? | É a busca das necessidades, a partir da análise da realidade e/ou do juízo sobre a realidade da instituição (comparação com aquilo que desejamos que seja). |

*(continua)*

*(Quadro 6.1 – conclusão)*

| PROGRAMAÇÃO | O que faremos concretamente para suprir tal falta? | É a proposta de ação. O que é necessário e possível para diminuir a distância entre o que vem sendo a instituição e o que deveria ser. |
|---|---|---|

FONTE: ADAPTADO DE VASCONCELLOS, 2000B, P. 170.

Podemos verificar que o PPP contempla três níveis integrados em sua operacionalização: o nível FILOSÓFICO, que aponta o ideal que se deseja cumprir; o nível SOCIOLÓGICO, concretizado por meio da constatação da realidade, do diagnóstico; e o nível da PROGRAMAÇÃO, que conduz à ação.

Vasconcellos (2000b, p. 174) apresenta, de forma sintética, possíveis passos para a elaboração e a consequente aplicação do PPP:

- *Surgimento da necessidade do projeto*
- *Decisão inicial de se fazer*
- *Trabalho de sensibilização e preparação*
- *Decisão coletiva*
- *Elaboração*
  - *Marco referencial*
  - *Diagnóstico*
  - *Programação*
- *Publicação*
- *Realização interativa*
- *Avaliação; atualização do diagnóstico*
- *Reprogramação anual*
- *Avaliação de conjunto*
- *Reelaboração (parcial ou total)*

Veiga (2006) delimita ainda, com muita propriedade, alguns elementos básicos constituintes do PPP. São eles:

- Finalidades da escola – Referem-se ao que a escola deseja, ou seja, aos efeitos intencionalmente aspirados ou almejados.

- Estrutura organizacional – Relaciona-se à estrutura administrativa (locação e gestão de recursos humanos, físicos e financeiros) e à estrutura pedagógica (interações políticas, questões de ensino e aprendizagem e de currículo).

- Currículo – Diz respeito à construção social do conhecimento e à sua forma de efetivação.

- Tempo escolar – Refere-se à elaboração do calendário escolar, no qual estão delimitados o início e o fim do ano letivo, com previsão de dias letivos, férias, feriados, datas das avaliações e das reuniões pedagógicas.

- Processo de decisão – Envolve todos os participantes da escola nas tomadas de decisão.

- Relações de trabalho – Devem ser pautadas na solidariedade, reciprocidade e participação coletiva, em busca de uma nova organização do trabalho pedagógico.

- Avaliação – Significa conhecer a realidade escolar, explicar e compreender os problemas existentes e propor ações alternativas, de forma coletiva.

# Atividades

1. De acordo com Veiga (2006, p. 14), "o projeto político-pedagógico tem a ver com a organização do trabalho pedagógico em dois níveis: como organização da escola como um todo e como organização da sala de aula, incluindo sua relação com o contexto social imediato, procurando preservar a visão de totalidade". Por que é importante considerar o PPP na organização dos planos de aula?

2. Em uma escola, o PPP foi construído pela equipe gestora sem a participação dos demais atores que compõem a comunidade escolar (professores, alunos, pais, funcionários e representantes da comunidade). No cotidiano escolar, as consequências dessa ação foram evidenciadas de várias maneiras: cada docente tem seguido uma proposta de trabalho educativo diferente;

os alunos são avaliados de formas diversas e percebem incoerência no discurso dos professores; os pais, quando são chamados, verificam que a escola apresenta diferentes posicionamentos.

Assinale as ações que devem ser tomadas para que essa escola possa retomar o PPP e redirecionar o processo.

I) Refletir sobre as finalidades da escola e seu papel social explícito, assim como sobre crenças, convicções e conhecimentos da comunidade escolar, do contexto social e científico, as quais constituem compromisso político e pedagógico coletivo.

II) Realizar o diagnóstico para conhecer quem são seus alunos, suas necessidades e a realidade na qual a escola está inserida.

III) Realizar a construção coletiva do projeto, envolvendo todos os atores da comunidade escolar, pois é dessa forma que se possibilitam a sustentação e a legitimação do PPP.

IV) Reformular e concluir o PPP, a fim de que não precise sofrer mais nenhuma modificação.

V) Estimular o diálogo e a interação entre os membros da equipe da escola, possibilitando a todos os envolvidos expressar suas concepções.

( 7 )

Planejamento da ação pedagógica

Neste capítulo, discutiremos o planejamento da ação pedagógica do professor, que se materializa na elaboração do plano de ensino e aprendizagem, também conhecido como *plano de aula*.

## (7.1) Plano de ensino e aprendizagem

A elaboração do plano de ensino e aprendizagem determina a direção a ser seguida nas aulas para alcançar um resultado desejado. Segundo Vasconcellos (2006), esse é o cerne da atuação do professor, ou seja, a própria organização de sua proposta de trabalho para a sala de aula. O mesmo autor enfatiza que "este é um campo de maior importância na práxis docente: como vai estruturar sua atividade, que necessidades localiza no grupo, que objetivos pretende alcançar, que conteúdos vai propor, como vai avaliar etc." (Vasconcellos, 2006, p. 147).

O planejamento significa uma tomada de decisão antecipada, pois é preciso refletir sobre o que fazer, como fazer e quando fazer, construindo-o sobre os alicerces dessa reflexão. Vasconcellos (2006, p. 148) aponta que isso não deve ser tomado em sentido idealista ou positivista,

*onde se tinha a ideia que através de um pedaço de papel se pudesse controlar a realidade, prever os mínimos passos a serem dados, amarrar inexoravelmente o fluxo do real aos nossos desejos; onde, diante de um descompasso entre o previsto e uma manifestação da realidade, danava-se a realidade.*

É importante salientar que o plano de ensino e aprendizagem não acontece de forma isolada. Ele deve estar alinhado ao PPP da escola, de forma a colocar em prática a intencionalidade da instituição e possibilitar que, com base no planejamento, a ação transformadora aconteça, pois, conforme Vasconcellos (2006, p. 148), "o pressuposto de qualquer atividade de planejamento é o desejo de mudança, de acertar, de aperfeiçoar". Dessa forma, se o professor não planejar de forma consciente, acaba reproduzindo o que está posto.

Vasconcellos (2006) ainda recomenda alguns cuidados a serem considerados no PROCESSO DE CONSTRUÇÃO do plano de ensino e aprendizagem:

- Ter clareza de que o PPP é a grande referência para a elaboração do planejamento.
- Observar que o componente curricular que o professor ministra não é propriedade particular – deve estar integrado ao trabalho da área de conhecimento e da escola.
- Buscar superar as visões parciais, dicotômicas do planejamento, em direção à concepção dialética (conforme demonstrado no Quadro 7.1).
- Fortalecer-se para ter discernimento e não desenvolver um conteúdo que não tenha sentido (como poderá mobilizar os alunos se nem o professor está mobilizado para tal?).
- Ser professor dos alunos, e não dos conteúdos já estabelecidos.
- começar pelo que se tem mais segurança (não se muda de uma vez).
- Ter espaços para realizar a reflexão sobre seu trabalho.

*Quadro 7.1 – Visões parcial e dialética do planejamento*

| POLO 1 | POLO 2 | DIALÉTICA |
|---|---|---|
| Universal – é tudo sempre igual (generalização) | Particular – cada realidade é uma | Universal-particular – cada realidade é uma, mas é também parte de um todo |
| Levar planejamento pronto no primeiro dia de aula | Fazer o plano só depois de conhecer a turma | Levar uma primeira elaboração, uma orientação geral, que vai ser completada ou revista |
| Dogma do cumprimento do programa | Esquecer o programa | Programa como meio e não como fim em si mesmo |

*(continua)*

*(Quadro 7.1 – conclusão)*

| POLO 1 | POLO 2 | DIALÉTICA |
|---|---|---|
| Planejamento formal, alienado | Não planejamento ou planejamento espontâneo, ingênuo, não sistematizado | Planejamento consciente, intencional, aberto e interativo |
| Valorização do conhecimento acumulado pela humanidade | Valorização da realidade concreta | Busca da articulação dialética entre realidade e conhecimento |

FONTE: ADAPTADO DE VASCONCELLOS, 2006, P. 149.

Vejamos, agora, algumas considerações acerca do PLANEJAMENTO:

- Planejar é desafiador.

- Para planejar, é preciso compreender que ensinar não é "passar" conhecimento, mas propiciar condições para que a autoaprendizagem aconteça.

- O planejamento incorpora às aulas fatos, acontecimentos e informações atuais que contribuirão para a construção do conhecimento dos alunos.

- Planejar é comprometer-se com o aprender do outro.

- Para elaborar o planejamento, é necessária uma atitude reflexiva.

- O planejamento é pleno de movimento, é vivo, é flexível.

- Planejar é uma necessidade do professor.

- Para planejar, é preciso conhecer os conteúdos a serem ensinados e sua transposição em objetivos de aprendizagem.

- O planejamento se baseia na construção de dispositivos e sequências didáticas.

- Para planejar, deve-se utilizar recursos variados, criatividade e bom senso.

- O planejamento pressupõe a adequada administração da heterogeneidade da turma e a compreensão de que os alunos são todos diferentes, pensam de modos diversos e reagem de várias formas.

- O planejamento precisa contribuir para o desenvolvimento da cooperação entre os alunos.
- Planejar envolve suscitar o desejo de aprender nos alunos.
- Planejar implica projetar melhores caminhos e propostas significativas.

# (7.2) Organização do plano de ensino e aprendizagem

Os principais componentes do planejamento são os seguintes: ASSUNTO, OBJETIVOS GERAIS E ESPECÍFICOS, CONTEÚDOS, METODOLOGIA, RECURSOS e AVALIAÇÃO. Vejamos cada um deles.

## Assunto

O assunto consiste na indicação da temática a ser trabalhada em sala de aula.

## Objetivos gerais e específicos

Objetivo é a descrição clara daquilo que se quer alcançar como resultado da atividade, ou seja: "resultados desejados e previstos para a ação educativa" (Haidt, 2002, p. 113). Objetivos gerais "são aqueles previstos para um determinado grau, ou ciclo, uma escola ou uma certa área de estudos, e que serão alcançados a longo prazo"; já os específicos "são aqueles definidos especificamente para uma disciplina, uma unidade de ensino ou uma aula. Consistem no desdobramento e na operacionalização dos objetivos gerais" (Haidt, 2002, p. 114).

Os objetivos também são classificados em DE ENSINO e DE APRENDIZAGEM. O primeiro diz respeito ao que se deseja com as ações do professor. Por exemplo: oportunizar a reflexão sobre a sustentabilidade do planeta. Conforme Zabalza (2000), o segundo refere-se ao que os alunos devem realizar ao término de determinado período. Por exemplo: identificar as causas que têm gerado o aquecimento global.

## Conteúdos

A explicitação dos conteúdos que serão desenvolvidos requer uma análise mais detalhada. A humanidade tem um saber acumulado, advindo das descobertas no decorrer do tempo, o qual se constituiu em SABER CIENTÍFICO. Mas esse saber não é estático; pelo contrário, é dinâmico, pois vem expandindo-se e renovando-se constantemente. A "história anterior vai sendo modificada ou recriada de modo que novos conhecimentos são produzidos e sistematizados" (Libâneo, 2002, p. 129).

A escola, como instituição social e educacional, tem por função sistematizar esse conhecimento, oportunizando sua reconstrução pelos alunos. Assim, o saber científico se transforma em conteúdos de ensino, "de modo que as novas gerações possam assimilá-los, tendo em vista ampliar o grau de sua compreensão da realidade, e equipando-se culturalmente para a participação nos processos objetivos de transformação social" (Libâneo, 2002, p. 130).

Contudo, antes é importante pensarmos sobre a aprendizagem almejada para os alunos.

A prática educativa, na maioria das vezes, fica atrelada meramente à transmissão de informações, ao domínio de técnicas para ministrar as aulas, à elaboração de planos de ensino, à distribuição do conteúdo no tempo disponível e ao ensino voltado à preparação para o vestibular e o mercado de trabalho.

Sabe-se que essas questões são culturalmente cultivadas. Muitos professores seguem práticas a que historicamente foram submetidos, e acabam por adotar um sentimento de posse individual em relação ao conhecimento, isto é, supõem que podem ser detentores da informação. Tal atitude descaracteriza os ambientes coletivos de aprendizagem e desfavorece a geração de um espaço conectado com o mundo, com a sociedade e com a comunidade escolar.

Na atualidade, o mundo se apresenta marcado pela globalidade, pela totalidade e pela inovação, o que inibe visões compartimentadas de homem, de sociedade e de mundo. Isso leva à reflexão de que a educação, hoje, precisa assumir uma função mais ampla, de formação de valores, que perpassam pela formação humana. Segundo Assmann (2001), é preciso pensar a educação com vistas não apenas a assegurar a conservação da espécie humana e de nosso planeta, mas também a ampliar as possibilidades de uma vida mais feliz para todos os seres vivos. Isso aponta para o fato de que o mundo exige uma nova humanidade. Educar o ser humano para esse contexto requer outra abordagem de educação e uma nova postura docente.

Conforme Arroyo (2000), essa visão nos impulsiona a redescobrir os alunos como pessoas, e não somente como alunos. Vendo-os assim, também nos redescobrimos como humanos ensinantes, ou seja, ensinando mais do que nosso próprio conhecimento científico. É necessário recuperar a dimensão formadora da escola e educar para a sensibilidade, para a integridade. "A educação deve contribuir para o desenvolvimento total da pessoa – espírito e corpo, inteligência, sensibilidade, sentido estético, responsabilidade pessoal, espiritualidade." (Delors, 1999, p. 99).

Para Savater (2000), a virtude humanista fundadora das disciplinas ensinadas não reside em seu conteúdo intrínseco, mas na forma como são trabalhados os temas, propiciando um real significado para os alunos.

O principal não está em determinar que conteúdos ensinar, que componente curricular é mais ou menos importante, quais são suas cargas horárias. O importante é possibilitar aos alunos aprender a aprender, ter curiosidade, estabelecer relações com seus semelhantes na diversidade, ter consciência política, aprender a ser e aprender a sentir. Enfim, trata-se de ampliar os conteúdos da atividade docente e torná-los mais humanizantes, buscando a formação integral do ser humano.

A partir daqui, vamos nos ater aos conteúdos a serem desenvolvidos com os alunos. Podemos nos perguntar: Em que consiste esse conteúdo?

Libâneo (2002) salienta que, no ensino, há três elementos inter-relacionados: a MATÉRIA, O PROFESSOR e o ALUNO. Quando os professores entendem esses três elementos de forma linear, sem conseguir perceber o movimento em espiral entre um e outro, o ensino caracteriza-se como algo mecânico, em que o professor "passa a matéria, os alunos escutam, repetem e decoram o que foi transmitido, depois resolvem meio maquinalmente os exercícios de classe e as tarefas de casa; aí reproduzem nas provas o que foi transmitido e começa tudo de novo" (Libâneo, 2002, p. 127).

Essa visão, além de tradicional e reducionista, não permite a compreensão de seu verdadeiro significado e sentido. Em vez de o aluno compreender, interpretar e elaborar conceitos, ele aprende a memorizar e a decorar, ignorando o princípio educativo do aprender a aprender.

Levando-se isso em conta, o trabalho com os conteúdos deve ser visto, conforme Libâneo (2002, p. 128),

*como a ação recíproca entre a matéria, o ensino e o estudo dos alunos. Através do ensino criam-se as condições para a assimilação consciente e sólida de conhecimentos, habilidades e atitudes e, nesse processo, os alunos formam suas capacidades e habilidades intelectuais para se tornarem, sempre mais, sujeitos da própria aprendizagem.*

Diante desse pensamento, o professor competente é aquele com capacidade de gestar uma formação básica adequada, instaurando o ambiente do aprender a aprender, do saber pensar e do questionar criativamente.

Os conteúdos a serem desenvolvidos com os alunos precisam estar relacionados com a realidade e "incluir elementos da vivência prática dos alunos para torná-los mais significativos, mais vivos, mais vitais, de modo que eles possam assimilá-los ativa e conscientemente" (Libâneo, 2002, p. 128).

Assim, os conteúdos passam de fim do processo educacional para tornarem-se meios para a aquisição de competências. Quando nos referimos à educação global do sujeito, devemos considerar um currículo escolar cujos componentes ultrapassam os muros escolares e alcançam desde a reflexão sobre a comunidade na qual a escola está inserida até o conhecimento de outras realidades, para que os aspectos sociais, econômicos, culturais, políticos e ambientais possam ser estudados e analisados. É importante que se desenvolvam conteúdos (não conteudistas) conectados com a realidade vigente para que, desse modo, eles tenham significado.

Zabala (1998) apresenta quatro tipos de conteúdo a serem trabalhados com os alunos. Vamos verificar como esse autor os conceitua e os caracteriza:

1. Conteúdo referente a fatos – São as informações relacionadas a fatos (como nomes, datas e acontecimentos). Por exemplo: a aprendizagem do nome dos rios, do nome dos ossos do esqueleto humano etc. "A forma como esses conteúdos são estruturados nos esquemas de conhecimento exige certas estratégias de aprendizagem simples e geralmente ligadas à atividade de memorização por repetição verbal" (Zabala, 1998, p. 167, grifo nosso). Essas estratégias de memorização precisam ser as mais significativas possíveis. Mas, atenção: não se trata de aprender a decorar, e sim de memorizar de forma significativa e contextualizada com o apoio de diferentes atividades.

2. Conteúdo referente a conceitos e princípios – É a aprendizagem de conceitos. Por exemplo: conceito de rio, função dos ossos etc. Exige compreensão e uma intensa atividade do aluno para estabelecer relações pertinentes entre os conteúdos e os elementos já disponíveis em sua estrutura organizativa. "Trata-se sempre de atividades que favoreçam a compreensão do conceito a fim de utilizá-lo para a interpretação ou o conhecimento de situações, ou para a construção de outras ideias." (Zabala, 1998, p. 43). Essas aprendizagens não podem ser consideradas definitivas, pois novas experiências e situações permitirão outras elaborações e o enriquecimento dos conceitos.

3. Conteúdo procedimental – São técnicas, métodos, destrezas ou habilidades. Conjunto de ações ordenadas destinadas à consecução de um fim. Por exemplo: desenhar, ler um mapa etc. São conteúdos

dinâmicos, pois são configurados por ações. "A aprendizagem de procedimentos implica, portanto, a aprendizagem de ações, e isso comporta atividades que se fundamentem em sua realização." (Zabala, 1998, p. 169).

4. CONTEÚDO ATITUDINAL – Esse termo engloba conteúdos agrupados em valores, atitudes e normas. Valores são "os princípios ou as ideias éticas que permitem às pessoas emitir um juízo sobre as condutas e seu sentido. Por exemplo: solidariedade, o respeito aos outros, a responsabilidade, a liberdade" (Zabala, 1998, p. 46). As atitudes "são tendências ou predisposições relativamente estáveis das pessoas para atuar de certa maneira. [...] Assim são exemplos de atitudes: cooperar com o grupo, ajudar os colegas, respeitar o meio ambiente, participar das tarefas escolares etc." (Zabala, 1998, p. 46). Já as normas: "são padrões ou regras de comportamento que devemos seguir em determinadas situações que obrigam a todos os membros de um grupo social" (Zabala, 1998, p. 46).

*Numa intenção evidentemente simplificadora de caracterizar em poucas palavras o tipo de atividades mais apropriadas para a aprendizagem dos conteúdos atitudinais, poderíamos considerar que se distinguem por serem aquelas atividades experienciais em que de uma forma clara são estabelecidos vínculos afetivos.* (Zabala, 1998, p. 170)

É preciso, também, pensar na mediação do professor durante o processo de aprendizagem dos alunos, e, para isso, é fundamental que ele conheça como ocorre o desenvolvimento da aprendizagem e que entenda bem seus alunos, verificando em que nível de aprendizagem eles estão.

É importante, neste momento, nos reportarmos a Vygotsky (1998, p. 15), analisando o que ele chama de *zona de desenvolvimento proximal*:

*ela é a distância entre o nível de desenvolvimento real que se costuma determinar por meio da solução independente de problemas, e o nível de desenvolvimento potencial, determinado por meio da solução de problemas sob a orientação de um adulto ou em colaboração com companheiros mais eficazes.*

Explicando essa definição, podemos dizer que, quando o aluno tem capacidade para realizar as atividades de maneira independente, ele se encontra na zona de desenvolvimento real e quando precisa da intervenção, ajuda do professor, de colegas ou de outro adulto para realizar tarefas propostas, encontra-se na zona de desenvolvimento potencial.

Por isso, é imprescindível que o professor assuma a função de mediador, a qual é desenvolvida quando ele

*apresenta desafios, sugere pistas de reflexão e análise das situações problemáticas, traz novas propostas, não se satisfaz com aquilo que o aluno faz e demonstra saber independentemente dos outros. Esse papel é fundamental para os estudantes alcançarem novos níveis de desenvolvimento mental.* (Didonet, 2002, p. 43)

Desse modo, o professor deve propiciar atividades didáticas para que os alunos ultrapassem o nível já alcançado, sempre usando práticas significativas, com vistas a compreender e alcançar a aprendizagem propriamente dita. Segundo Didonet (2002, p. 44), o professor não deve "propor conteúdos excessivamente complexos, que não seriam significativos, porque não seriam entendidos e não criariam a zona de desenvolvimento proximal". O conhecimento dos dois níveis de desenvolvimento, real e potencial, possibilita-nos conhecer a dinâmica interna do desenvolvimento individual.

Diante desse contexto, podemos concluir que os conteúdos de ensino merecem uma atenção muito especial por parte dos professores. Dispor-se a ensinar um componente curricular é comprometer-se com sua organização, para que, de fato, promova-se de maneira satisfatória o processo de ensino e aprendizagem dos alunos.

## Metodologia

É importante buscarmos a construção de uma visão crítica sobre a metodologia no processo de ensino e aprendizagem, com base no princípio de que as salas de aula são formadas por um perfil heterogêneo. Segundo Zabalza (2000, p. 11), "as aulas são contextos de ação caracterizados por uma forte complexidade", ou seja, "as possibilidades de ação não são únicas e a forma de abordá-las não depende de possíveis estratégias previstas de antemão. Os professores movem-se em um espaço incerto e mutável". Isso nos conduz a pensar na necessidade de que o professor tenha capacidade de fazer uso de uma metodologia que seja atrativa e interessante, consciente de que sua ação estará dotada de incerteza e imprevisibilidade.

Dessa forma, Zabala (1998, p. 186) afirma que:

*As atividades de ensino devem promover aprendizagens mais significativas e funcionais possíveis, que tenham sentido e desencadeiem uma atitude favorável para realizá-las, que permitam o maior número de relações entre os distintos conteúdos, que constituam estruturas de conhecimento, por um lado. Por outro, devem facilitar a compreensão de uma realidade que nunca se apresenta compartimentada.*

Isso indica que os conteúdos e as informações que são organizados e trabalhados precisam ser disponibilizados sob um enfoque globalizador. De acordo com Zabala, ENFOQUE GLOBALIZADOR pode ser entendido

*como a opção que determina que as unidades didáticas, embora sejam de uma determinada disciplina, tenham como ponto de partida situações globais (conflitos ou questões sociais, situações comunicativas, problemas de qualquer tipo, necessidades expressivas), nas quais os distintos conteúdos de aprendizagem – das diferentes disciplinas ou saberes – são necessários para sua resolução ou compreensão.* (Zabala, 1998, p. 186)

É necessário, então, desenvolver ambientes de ensino e aprendizagem que favoreçam a autonomia dos sujeitos, sejam eles crianças, adolescentes, jovens ou adultos, levando-os a aprender a aprender, pois, segundo Demo (1995, p. 98), isso constitui a "base da autonomia emancipatória".

Delors (1999, p. 91) afirma que aprender a conhecer pode, simultaneamente, ser tanto um meio quanto uma finalidade. "Meio, porque se pretende que cada um aprenda a compreender o mundo que o rodeia [...] e finalidade, porque seu fundamento é o prazer de compreender, de conhecer, de descobrir.".

É importante, também, que o professor assuma a função de criar situações de questionamento, que tirem os alunos da acomodação, propondo situações-problema e desafios a serem vencidos, para que possam construir conhecimento e, consequentemente, aprender a aprender.

Como podemos perceber, a metodologia a ser utilizada nos diversos ambientes educacionais não pode estar atrelada a um processo de ensino e aprendizagem que se embase na transmissão de conteúdos. Pelo contrário, a metodologia deve possibilitar que o aluno construa e reconstrua conhecimentos, questione, crie, pense e realize a transposição do que aprende para sua vida.

A função do professor é, entre outras, garantir a riqueza do processo de ensino e aprendizagem, o que significa

*a manutenção de um diálogo permanente, de acordo com o que acontece em cada momento, propor situações-problema, desafios, desencadear reflexões, estabelecer conexões entre o conhecimento adquirido e os novos conceitos, entre o ocorrido e o pretendido, de tal modo que as intervenções sejam adequadas ao estilo do aluno, a suas condições intelectuais e emocionais e à situação contextual.* (Moraes, 1997, p. 152)

Para que esses momentos ocorram, o professor precisa gerenciar esse processo, articulando objetivos, conteúdos, métodos e avaliação. É importante salientar que a utilização de métodos de ensino está estritamente vinculada à concepção metodológica do processo educativo. Dessa forma, quando nos remetemos aos métodos de ensino e aprendizagem, não podemos reduzi-los meramente ao domínio e à aplicação de procedimentos e técnicas, pois, conforme Libâneo (2002), eles devem expressar uma compreensão global do processo educativo na sociedade, levando em conta os fins sociais e pedagógicos do ensino, as exigências e os desafios da realidade social, a expectativa de formação dos alunos e a relevância social dos conteúdos.

Nesse sentido, o professor, como gestor do processo de ensino e aprendizagem, precisa ser o mediador dessa situação. Para Vasconcellos (2002, p. 83), "na relação pedagógica, a atividade primeira, comumente, é do professor, não na perspectiva de ficar nele, mas de provocar, de propiciar a atividade do aluno". Assim, podemos reiterar que o professor não é aquele que deposita o conhecimento na cabeça do aluno. Vasconcellos (2002, p. 84) reforça que "quem constrói é o sujeito, mas a partir da relação social, mediada pela realidade". Portanto, a ação do professor deve ter como propósito PROVOCAR, DISPOR e INTERAGIR. Vejamos como o autor citado caracteriza essas três ações:

- PROVOCAR: *colocar o pensamento do educando em movimento; pôr a "máquina" para funcionar; desequilibrar; pôr o aluno para pensar sobre a questão. Propor atividades de conhecimento; provocar situações em que os interesses possam emergir e o aluno possa atuar. Desta forma, terá condições de "triturar", trabalhar, processar as informações e aproveitá-las.*

- DISPOR *objetos/elementos/situações: dar condições para que o educando tenha acesso a elementos novos, para possibilitar a elaboração de respostas aos problemas suscitados, superar a contradição entre sua representação e a realidade. Dar indicações, oferecer subsídios, dispor de elementos para "combustível" ("arte" do professor: elementos certos, no momento certo).*

- INTERAGIR *com representação do sujeito: solicitar expressão, acompanhar percurso de construção. Se a capacidade analítica do educando não for muito longe, o professor pode entrar, estabelecendo novas contradições entre a representação sincrética e os elementos do objeto não captados pelo sujeito.* (Vasconcellos, 2002, p. 84)

No cotidiano do processo de ensino e aprendizagem, em diversos ambientes de aprendizagem, essa postura metodológica, conforme Vasconcellos (2002), pode ser articulada com a adoção de algumas estratégias, tais como: problematização, exposição dialogada, trabalho de grupo, pesquisa, seminário, experimentação, debates, jogos educativos, dramatização, produção coletiva e estudo do meio.

É fundamental para o desenvolvimento do processo de ensino e aprendizagem ter clareza sobre a distinção entre MULTIDISCIPLINARIDADE, INTERDISCIPLINARIDADE e TRANSDISCIPLINARIDADE, pois esses conceitos definem a condição epistemológica do trabalho pedagógico. *Multidisciplinaridade* significa a justaposição dos componentes curriculares, sem intercâmbio entre eles. A *interdisciplinaridade* refere-se à relação caracterizada pela reciprocidade nos intercâmbios entre os componentes curriculares e/ou as áreas de conhecimento. A *transdisciplinaridade* é uma UTOPIA EPISTEMOLÓGICA, na qual as conexões entre os componentes curriculares acontecem no interior de um sistema global sem fronteiras estáveis entre eles.

Coll (2002, p. 133) nos alerta sobre outra questão metodológica importante, relativa "ao tratamento educativo das diferenças individuais", defendendo a tese de que um ensino, para ser realmente individualizado, precisa levar em consideração essas diferenças e, assim, abdicar de prescrever um método de ensino único aplicável a todos os alunos. "A individualização do ensino consiste, em primeiro lugar, na individualização dos métodos de ensino" (Coll, 2002, p. 133).

Para concluir, destacamos que a metodologia de ensino norteia o contexto da prática educativa, podendo ser estabelecida com base na concepção de ensino como atividade de pesquisa contínua e permanente em relação ao currículo, aos projetos educativos e às ações educativas. Esse movimento possibilita aos professores não somente identificar, mas também compreender as diferentes faces do processo educacional e estudar formas de atuar e intervir em cada realidade.

O estudo da metodologia permite-nos salientar que, conforme ela for concebida e desenvolvida, serão oportunizadas (ou não) condições favoráveis à aprendizagem dos alunos.

## Recursos

Tudo o que será utilizado para o desenvolvimento das aulas é considerado recurso. É imprescindível empregar diferentes recursos, de modo a promover nos alunos o desejo de aprender de forma significativa. Para a realização desse propósito, é importante a criatividade do professor em relação à adoção de recursos que apresentem desafios aos alunos.

Os recursos didáticos são as ferramentas utilizadas pelo professor em sala de aula e vão desde os mais simples, como giz e apagador, aos mais sofisticados, como os dispositivos digitais.

## Avaliação

É preciso indicar como e quando a avaliação será realizada, que estratégias o professor utilizará na sua aplicação etc. No Capítulo 10, abordaremos esse tema de modo aprofundado.

## Atividades

1. Como transformar a rotina do plano de ensino e aprendizagem em desafio?

   Para Vasconcellos (2006), a importância do planejamento sob a ótica da práxis docente inclui os seguintes questionamentos:

   - Como vai estruturar sua atividade?
   - Que necessidades localiza no grupo?
   - Que objetivos pretende alcançar?
   - Que conteúdos vai propor?
   - Como vai avaliar?

   Com base nesses aspectos, reflita sobre por que é imprescindível elaborar e executar um bom planejamento.

2. Em determinada escola, havia uma turma de alunos de 3º ano cujo professor tinha como prática desenvolver sua aula da seguinte forma: transmitia os conteúdos aos aluno sem propor desafios ou situações concretas. Por sua vez, os alunos faziam as atividades propostas em silêncio. Era notório que eles não tinham interesse pelas aulas e, consequentemente, não aprendiam, apenas reproduziam o conhecimento repassado. O professor não se preocupava em relacionar os conteúdos com a realidade dos alunos.

Se você substituísse o professor dessa turma, qual seria sua estratégia de trabalho, considerando os corretos pressupostos sobre o plano de ensino e aprendizagem? Assinale as alternativas que considerar corretas:

I) Garantiria a riqueza do processo de ensino e aprendizagem por meio da manutenção de um diálogo permanente. De acordo com cada momento, proporia situações-problema e desafios, desencadearia reflexões, estabeleceria conexões entre o conhecimento adquirido e os novos conceitos, entre o ocorrido e o pretendido, realizando intervenções que fossem adequadas ao estilo do aluno, a suas condições intelectuais e emocionais e à situação contextual.

II) Desenvolveria com os alunos conteúdos que estivessem relacionados ao contexto de vida deles, para torná-los mais significativos, mais vivos, mais vitais, de modo que pudessem assimilá-los ativa e conscientemente.

III) Desenvolveria conteúdos referentes somente a conceitos e princípios, pois os alunos precisam aprender os aspectos significativos, fazendo relações com seu contexto de vida.

IV) Utilizaria uma metodologia não embasada na transmissão de conteúdos. Pelo contrário, possibilitaria que os alunos construíssem e reconstruíssem o conhecimento, oportunizando o direito de questionar, criar, pensar, favorecendo, assim, a transposição do aprendido para suas vidas.

V) Adotaria estratégias de ensino como problematização, exposição dialogada, trabalho de grupo, pesquisa, seminário, experimentação, debates, jogos educativos, dramatização, produção coletiva etc., tornando as aulas prazerosas, desafiadoras e significativas.

# ( 8 )

Trabalhos em sala de aula:
múltiplas construções

Neste capítulo, abordaremos a importância do ato de planejar para a ação educativa. Adotando a estrutura de planejamento de projetos de trabalho, enfatizaremos sua interdisciplinaridade e sua relação com os processos de ensinar e aprender.

# (8.1) Problematizações preliminares

Quem são as crianças que frequentam as salas de aula? Quais são seus costumes em relação a vestimentas, programas televisivos, interesses em geral? E os jovens? Quem são? Os professores estão conectados com eles? Conhecem sua linguagem e sabem ao que assistem, por exemplo? Quais são seus desejos e suas expectativas?

Quais são as músicas infantis e cantigas de roda que as crianças conhecem? Será que as novas gerações sabem músicas e cantigas como *O sapo não lava o pé, Dona aranha, Se essa rua fosse minha, A linda rosa juvenil*? E jogos cantados, como *Escravos de Jó* e *Eu com as quatro*, ainda são conhecidos? Brinquedos tradicionais como bolas de gude, cinco-marias, bilboquê e piorra (pião), e brincadeiras como amarelinha/sapata, pega-pega, subir em árvores, ainda são parte do universo infantil? Será que os jogos do passado foram substituídos por brincadeiras eletrônicas e virtuais?

Hoje parece não haver mais a necessidade do real – de atos como pular, correr, brincar. Tudo é virtual. As músicas mudaram, os brinquedos e as brincadeiras são outros, o vestuário se transformou, as crianças tornaram-se consumidoras. Mas elas consomem ou são consumidas? A prática pedagógica se adequou para acompanhar essas questões? Ou ainda visualizamos crianças e jovens que existem somente em fotografias antigas, imagens que se fazem presentes em nossa memória?

Cabe à educação também mudar. Mudar para problematizar e questionar: Se a cultura constitui os sujeitos, sendo ela produto de significados propostos por esses mesmos sujeitos e pelos grupos sociais de que fazem parte, como é possível, na condição de adultos em sala de aula, adentrar nas culturas infantil e juvenil atuais?

## (8.2) Projetos de trabalho: alguns conceitos

Os projetos de trabalho devem levar em conta conhecimentos que os alunos trazem para a escola e buscar a construção de saberes científicos mediante análise e solução de situações-problema. Os projetos imprimem uma perspectiva interdisciplinar (a fim de construir o transdisciplinar) ao trabalho docente, o que reflete a demanda por verdadeiros vínculos e conexões entre os conhecimentos, incluindo as relações entre o educar e o cuidar. Segundo Lipman (1997, citado por Barbosa, 2001, p. 11):

> *Cada assunto pode desdobrar-se, construir sobre si mesmo, questionar-se, iluminar-se a partir de dentro, e erguer pontes com as disciplinas. [...] Afinal de contas, o mais importante não é que o professor consiga dar toda a sua matéria, mas sim que os alunos adquiram os significados que estão disponíveis no assunto em questão.*

Trabalhar em sala de aula utilizando projetos de trabalho concretiza um planejamento dinâmico e inovador, deixando para trás o planejamento singular e repetitivo, que leva todos os sujeitos do espaço escolar a ver o mundo de uma única forma: a do adulto que está trabalhando com eles.

Barbosa (2001, p. 11) salienta que "a aprendizagem acontece em situações concretas, de interação, como um processo contínuo e dinâmico em que se afirma, se constrói e desconstrói, se faz na incerteza, com flexibilidade, aceitando novas dúvidas, comportando a curiosidade, a criatividade que perturba, que levanta conflitos".

O pensamento de Barborsa (2001) nos auxilia a (re)aprender a escutar o que dizem as crianças e o que diz nossa vontade, a vontade de mudança, de olhar novos horizontes, inserindo todos os sujeitos no cotidiano educativo. Os projetos, então, constituem-se em eixos articuladores da aprendizagem e do desenvolvimento, calcados em assuntos interessantes, instigantes, que levem à reflexão, ao questionamento e à elaboração de novos conceitos e aprendizagens.

"O projeto não é uma simples representação do futuro, do amanhã, do possível, de uma ideia; é o futuro a fazer, um amanhã a concretizar, um possível a transformar em real, uma ideia a transformar em ato." (Barbier citado por Machado, 2000, p. 27)

Hernández (2001, citado por Urban; Maia; Scheibel, 2009, p. 227) salienta que a construção de projetos de trabalho deve tomar por base alguns aspectos:

- *um projeto de trabalho supõe uma concepção do aprender que leva em conta algumas vozes;*
- *aprender relacionado à elaboração de uma conversação cultural;*
- *a aprendizagem realiza-se de uma maneira situada;*
- *um projeto de trabalho poderia ser considerado um formato aberto (não rígido e estável) para a indagação, de maneira que permita estruturar e contar uma história;*
- *o tema está vinculado ao emergente, a uma concepção transdisciplinar do conhecimento;*
- *a percepção e problematização de cultura e currículo;*
- *com os projetos de trabalho, pretende-se percorrer o caminho que vai da informação ao conhecimento;*
- *nos projetos de trabalho, assumimos uma perspectiva multiculturalista.*

Urban, Maia e Scheibel (2009) ressaltam que a elaboração de projetos de trabalho exige a mediação de culturas, com suas diferenças, diversidades e conhecimentos. Além disso, segundo essas autoras, é indispensável propor atividades significativas para os alunos, fazendo uso de recursos didáticos variados, pois esse é o meio mais seguro de despertar o interesse deles e torná-los coparticipantes do processo de planejamento. Também é necessário ter em mente que os projetos de trabalho são mutantes, dinâmicos e flexíveis e, portanto, devem ser reestruturados, reelaborados e, por vezes, abandonados se a turma perder o interesse pela pesquisa associada às suas temáticas (Urban; Maia; Scheibel, 2009).

É importante destacarmos que não existe apenas um esquema preconcebido de estruturação de projetos, há propostas. Nesse sentido, para exemplificar, apresentaremos um modelo de estruturação de projeto.

# (8.3) Projetos de trabalho: estruturação

Os projetos de trabalho podem ser estruturados da seguinte forma (Urban; Maia; Scheibel, 2009):

- Tema – Refere-se à temática com base na qual o trabalho será desenvolvido.
- Título – Deve sintetizar o tema e ser cativante e criativo.
- Turma – É a coletividade dos alunos de uma classe.
- Duração – Pode ser de alguns dias ou estender-se ao longo de todo o semestre.
- Justificativa – Deve ser muito bem estruturada, pois é ela que permite que os familiares e o professor saibam o que será abordado no projeto, com vistas ao desenvolvimento do aluno.
- Importância do projeto – Explicita a relevância temática escolhida e o que motivou essa opção. Geralmente, esse tópico é elaborado em um ou dois parágrafos.
- Conhecimento e necessidades do grupo diante da proposta de trabalho – Elenca os conhecimentos já disponíveis no espaço educativo sobre a temática e declara o que é preciso ainda pesquisar;
- Embasamento teórico – Explicita os conceitos e as concepções que fundamentam o projeto.
- Objetivo geral – Expressa o propósito mais amplo do projeto. Parte do pressuposto de que o professor é o mediador. Na sua elaboração, para indicar os objetivos pretendidos, é recomendável o uso de verbos no infinitivo, como *propiciar, promover, proporcionar, possibilitar, oportunizar.*
- Objetivos específicos – São decorrentes do objetivo geral. Estão relacionados a determinados conteúdos e áreas de conhecimento expressas ou subentendidas no item referente ao objetivo geral.

- Conteúdos propostos – Devem ser especificados de acordo as áreas de conhecimento a serem trabalhadas no projeto.

- Metodologia – Determina o planejamento das aulas que serão propostas para o desenvolvimento do projeto, ou seja, inclui o roteiro das aulas, com relatos e análises.

- Avaliação – Declara o método de avaliação a ser adotado pelo professor, incluindo a exposição dos objetivos relacionados à fundamentação teórica. Trata-se da avaliação tanto do projeto quanto do trabalho efetivamente realizado pelo professor e pelos alunos.

## (8.4) Proposta de projeto de trabalho

É importante destacar que, na estruturação dos projetos de trabalho, devemos possibilitar uma ação educativa calcada em INTERESSES, NECESSIDADES e POTENCIALIDADES, tanto do aluno quanto do professor, bem como na construção do conhecimento científico. Tendo tais aspectos em mente, apresentamos a seguir o esboço de um projeto de trabalho como exemplo.

*Quem olha quem?*

TEMA: Mídia

TÍTULO: Quem olha quem?

TURMA: 3º ano do ensino fundamental

DURAÇÃO: 2 meses

JUSTIFICATIVA:

Vivenciamos, na atualidade, uma busca pelo corpo perfeito, por imagens que traduzem um ideal estético – feminino e masculino, um modo de portar-se, um modo de ser, de existir.

Por esse motivo, é necessário problematizar o modo como a mídia (rádio, jornais, revistas, televisão etc.) retrata homens, mulheres, jovens e crianças em relação à construção de seus corpos, seus saberes e suas identidades. Como a mídia conceitua *gênero*? Quais são os papéis atribuídos a meninos e meninas? E a homens e mulheres? Quais são os significados de *feminino* e *masculino*? O que é possível fazer e ser para revelar-se na mídia?

Assistimos atualmente a uma busca desenfreada por uma aparição na mídia: não importa de que forma, o que vale é ser visto! Esse tipo de discurso busca nos adequar a um único padrão, a uma única verdade, impondo o dever de se assemelhar às imagens representadas nos meios de comunicação.

Como destaca Fischer (1996, p. 126), existe "a necessidade de uma análise que possa situar-nos nesse presente em que a imagem, o fato de 'ter aparecido na TV' ou ter merecido qualquer espaço nos jornais e revistas configura poder, produz efeitos nas pessoas, constrói um tipo especial de verdade".

A mídia, nesse sentido, está construindo identidades e verdades – constituídas por meio do consumo de imagens e de discursos presentes no cotidiano. Representações de feminino e masculino aparecem associadas a brinquedos, brincadeiras, vestuário, profissões e, principalmente, a como se deve ensinar a "ser menina", "ser menino", "ser homem" e "ser mulher".

Cabe à prática pedagógica problematizar os discursos presentes na mídia (que pretendem representar as pessoas) – porém, sem reproduzi-los –, uma vez que não se pode desconsiderar o que as crianças e os jovens veem e escutam. Isso suscita uma simples pergunta: Devemos nos tornar imagens midiáticas?

## Objetivo geral

Possibilitar a problematização da construção de identidades femininas e masculinas por meio da análise dos discursos presentes na mídia.

## Objetivos específicos:

- Oportunizar a construção de questionamentos críticos acerca do conceito de *gênero* transmitido pela mídia.
- Proporcionar o desenvolvimento linguístico com base em construções textuais.
- Promover o desenvolvimento corporal utilizando jogos teatrais.

## Conteúdos propostos

Destacam-se conteúdos na área de linguagens, raciocínio lógico-matemático, arte, corpo/movimento, ciências da natureza, entre outros, associando-os aos conteúdos curriculares propostos no projeto político-pedagógico da instituição escolar.

## Metodologia

Na primeira aula, é possível desencadear o interesse dos alunos diante da temática. Há necessidade de construir, em conjunto com os alunos, as problematizações a serem discutidas futuramente. Essa aula pretende despertar a reflexão para questões como: O que significa ser menino, menina, homem e mulher? De que forma a mídia representa os jovens? Podem-se exibir trechos de seriados e novelas televisivas voltadas ao público infantojuvenil ou que os representem por meio de personagens. Em seguida, outras questões podem ser propostas aos alunos, tais como: Os jovens representados nos trechos assistidos estão próximos ou distantes da realidade de vocês? Por quê? Como as meninas e os meninos estão caracterizados? Suas imagens correspondem à realidade? Como os conceitos de *feminino* e *masculino* foram construídos nesses programas televisivos?

Após a discussão crítica sobre os questionamentos levantados, os alunos, em pequenos grupos, devem associar palavras-chave para cada trecho dos programas assistidos. Finalizada a atividade, todos os grupos devem expor ao grande grupo as palavras-chave relacionadas para que sejam retomadas na segunda aula do projeto.

Depois dessa primeira aula, as demais serão destinadas ao desenvolvimento e ao fechamento do projeto.

AVALIAÇÃO

Os instrumentos avaliativos a serem utilizados são: tarefas, testes e um relatório final relacionado às atividades propostas durante a efetivação do projeto.

Outro trabalho muito interessante a respeito da construção social dos gêneros a ser realizado com os alunos de ensino fundamental, estruturado de forma diferenciada, consiste em explorar desenhos infantis que tratem da questão – especificamente, como se ensina a ser menina, mulher. Nesse sentido, indicamos algumas animações que podem ser exploradas, desde as mais antigas, com heroínas clássicas, até as mais recentes, com protagonistas destemidas e autônomas:

- *A pequena sereia*
- *A bela e fera*
- *A bela adormecida*
- *Cinderela*
- *A branca de neve*
- *Pocahontas*
- *O corcunda de Notre Dame*
- *Enrolados*
- *Frozen*
- *Valente*

Para a educação infantil, é recomendável a adoção de projetos relacionados ao desenvolvimento global do educando, com a exploração de atividades referentes a histórias infantis, jogos cantados, brincadeiras antigas, jogos teatrais, músicas infantis, cantigas de roda, parlendas, obras de arte, imagens, desenhos, etc.

Finalizamos este capítulo destacando a importância de alicerçar a proposta de planejamento em temáticas atuais, que levem em conta o cotidiano das crianças e dos jovens, bem como em conteúdos que permitam a construção de conhecimentos científicos pelos alunos.

## Atividades

1. Assinala a alternativa que apresenta um dos princípios básicos do planejamento, que deve ser observado nos projetos de trabalho:

   a) O professor deve se embasar nos conhecimentos dos alunos para que estes construam apenas saberes científicos.

   b) Os projetos de trabalho podem nascer de qualquer assunto, não sendo necessária sua contextualização ou a relação com outros conhecimentos.

   c) O projeto de trabalho pode estruturar-se de forma inflexível, trabalhando as competências e as habilidades dos alunos para que eles se alfabetizem rapidamente.

   d) A aprendizagem deve acontecer em situações concretas, de interação, mediação, como um processo dinâmico e contínuo que se efetiva por meio de conflitos e flexibilização, e o professor deve considerar os conhecimentos e as necessidades dos alunos para planejar.

2. Na construção de um projeto de trabalho em sala de aula para os anos iniciais do ensino fundamental, é necessário:

   a) Apenas conhecer o desejo dos alunos sobre a temática em questão.

   b) Uma temática relacionada aos conhecimentos e às necessidades dos alunos, ao saber científico, bem como pautada por questões relevantes associadas à cultura e à sociedade, entre outros fatores.

c) Temas associados aos conteúdos curriculares e à área de formação do professor.

d) Uma relação com os livros didáticos presentes em sala de aula, questões curriculares, saber do professor e necessidades dos alunos.

( 9 )

Currículo: tessituras em questão

Neste capítulo, discutiremos a importância de problematizar o currículo e, principalmente, sua relação com a construção da identidade dos sujeitos envolvidos no processo educativo. Também analisaremos os Temas Transversais.

# (9.1) Currículo formal, currículo em ação e currículo oculto

As escolas atualmente baseiam-se em três perspectivas relacionadas ao conceito de currículo: o currículo formal, compreendido como o que está presente nos planos e nas propostas pedagógicas; o currículo em ação, proposta curricular efetivada na realidade da sala de aula e nas escolas; o currículo oculto, que se manifesta em sentimentos, ações, formas de relacionamento e poder que se apresentam no espaço escolar e que não aparecem de forma escrita nos projetos políticos-pedagógicos.

O currículo FORMAL concretiza-se com base nos Parâmetros Curriculares Nacionais (PCN) e em documentos que expressam o Projeto Político-Pedagógico (PPP) ou propostas curriculares em escala regional (planos estaduais ou municipais) e local (PPP da escola).

O currículo EM AÇÃO diz respeito aos contextos de concretização do currículo, desde sua prescrição até a efetivação nas salas de aula. Como assinala Forquin (1993), o que as escolas transmitem acerca da cultura é uma escolha de elementos considerados socialmente válidos e legítimos. Dessa forma, o currículo em ação é aquele que se manifesta de forma real nas salas de aula, constituindo-se por meio de relações de poder. A escolha de um conceito de homem, classe social e cultura independe, muitas vezes, de relações teóricas.

Por fim, o currículo OCULTO é constituído por todos os aspectos do ambiente escolar, que, sem interagem currículo oficial, nem serem explicitados textualmente, contribuem, de forma implícita, para aprendizagens sociais relevantes. "O que se aprende no currículo oculto são fundamentalmente atitudes, comportamentos, valores e orientações" (Silva, 2001, p. 78).

Para Silva (1996), a relevância do conceito de *currículo oculto* está na explicação que ele oferece para a compreensão de vários aspectos que ocorrem no universo escolar, os quais, muitas vezes, são incompreensíveis para professores e alunos.

# (9.2) Parâmetros Curriculares Nacionais e Temas Transversais: tecendo críticas

Taxas de promoção, evasão e repetência no ensino fundamental são apresentadas na introdução aos PCN como forma de mostrar aos educadores que esses indicadores podem ser melhorados e que estariam associados ao rendimento escolar. Assim, propostas governamentais, como os programas de aceleração do fluxo escolar (recuperação de verão), são destacadas para ilustrar sua importância no combate à evasão e à repetência: "a escola socialmente onipotente [...] fracassa na sua missão educativa devido, exclusivamente, aos seus problemas internos" (Cunha, 1996, citado por Auad et al., 1999).

*Para comprovar essa concepção e apresentar os PCNs como solução, as principais tendências pedagógicas na educação brasileira são descritas tendenciosamente e responsabilizadas pela ineficiência do ensino brasileiro. Para isso, são citadas a "pedagogia tradicional", a "pedagogia renovada", a "pedagogia libertadora", a "pedagogia crítico-social dos conteúdos" e as influências da "psicologia genética" para a educação. Vale notar que tais expressões não são correntes nas escolas e entre as professoras, mas apenas de domínio acadêmico. (Auad et al., 1999)*

Outra questão importante a destacar é que a maioria dos Temas Transversais foi excluída dos currículos e ignorada nas práticas sociais e escolares, inclusive na construção do PPP das instituições, o que levou muitos professores ao distanciamento teórico-prático. Apesar de essa questão estar presente no documento oficial que apresenta os Temas Transversais, NÃO HÁ NENHUMA PROPOSTA REAL de capacitação de professores para solucionar suas dificuldades conceituais e práticas e, quando existe, o corpo docente acredita não ser necessário trabalhar com isso, bastando ler a proposta do governo. Auad et al. (1999) salientam que:

*A inclusão dos Temas Transversais no currículo do ensino fundamental é justificada pela preocupação com a "formação integral do aluno". Considerada, pelos idealizadores do documento, como situada fora da sociedade, a escola seria uma espécie de lugar de aprendizado das relações sociais. Como se entrasse na sociedade após a saída do sistema escolar, o aluno seria então um agente de transformação da sociedade. Deste modo, prevalece a concepção de escola onipotente, capaz de transformar toda a sociedade pela formação dos alunos.*

Talvez tenhamos de problematizar aqui as representações presentes nas propostas oficiais do Referencial Curricular Nacional para a Educação Infantil, dos PCN e dos Temas Transversais com as seguintes questões: Que identidades pretendemos construir? Qual cultura está representada? A escola conseguiria mudar a sociedade? Por que realmente temos uma estrutura curricular nacional? E os Temas Transversais? Como estruturá-los no cotidiano pedagógico? Os Temas Transversais correspondem à realidade dos alunos e a suas necessidades?

# (9.3) Identidade e currículo

Hall (2002, p. 13) esclarece que:

> *A identidade plenamente unificada, completa, segura e coerente é uma fantasia. Ao invés disso, à medida que os sistemas de significação e representação cultural se multiplicam, somos confrontados por uma multiplicidade desconcertante e cambiante de identidades possíveis, com cada uma das quais poderíamos nos identificar – ao menos temporariamente.*

Paraíso (1998) destaca que o currículo, por meio de seus conteúdos, rituais, silêncios, entre outras questões, produz, constitui e fabrica identidades, sendo necessário então problematizá-lo, utilizando argumentos dos estudos culturais.

> *Se entendermos currículo como o conjunto de aprendizagens oportunizadas às/aos estudantes no ambiente escolar, e identidade cultural ou social como "o conjunto daquelas características pelas quais os grupos sociais se definem como grupos: aquilo que eles são" (Silva, 1998, p. 58), ou como definida por Stuart Hall "aqueles aspectos de nossas identidades que*

*surgem de nosso "pertencimento" a culturas étnicas, raciais, linguísticas, religiosas..." (1997, p. 8), então fica claro o quanto o currículo está implicado com a produção de identidades.* (Paraíso, 1998)

Talvez possamos problematizar o seguinte: Qual identidade o currículo pretende construir? Paraíso (1998) assim define identidade e diferença:

*"identidade e diferença são processos inseparáveis" [...], ou seja, aquilo que as pessoas são é inseparável daquilo que elas não são, daquelas características que as fazem diferentes de outras pessoas e de outros grupos. É claro que as experiências corporificadas no currículo possibilitam às pessoas verem a si mesmas e aos outros de uma maneira bem particular.*

Dessa forma, experiências vão sendo corporificadas no currículo, culturas silenciadas ou apenas contempladas – se para os estudos culturais o currículo é um artefato social, por que não realizar discussões acerca de sexualidade, gênero, raça, etnia, classe, entre outros temas? Discutir o que nos modifica como sujeitos, altera nossas identidades culturais; debater de que modo ocorre a produção de novas identidades individuais e sociais é muito importante. "O nexo íntimo e estreito entre educação e identidade social, entre escolarização e subjetividade, é assegurado precisamente pelas experiências cognitivas e afetivas corporificadas no currículo." (Silva, 1996, p. 184).

Para a construção de uma relação significativa entre currículo, identidade e visibilidades, os estudos sobre multiculturalismo nos auxiliam a compor uma tessitura de críticas e problematizações.

# (9.4) Multiculturalismo

Partindo das ideias de McLaren (1997), o currículo em uma perspectiva multicultural deve buscar transformar as relações sociais, culturais e institucionais nas quais os significados são gerados. É preciso problematizar as representações constituidoras presentes no currículo. Por conseguinte, de acordo com Giroux (1995, p. 90):

*Ao analisar toda a gama dos lugares diversificados e densamente estratifi-*
*cados de aprendizagem, tais como a mídia, a cultura popular, o cinema, a*
*publicidade, as comunicações de massa e as organizações religiosas, entre*
*outras, os Estudos Culturais ampliam nossa compreensão do pedagógico*
*e de seu papel fora da escola como o local tradicional da aprendizagem.*

Novelas, seriados, filmes, animações, canções: a que os alunos assistem e o que escutam? Por quais *sites* da *web* eles navegam? Os professores assistem aos mesmos programas que seus alunos? Escutam o que eles escutam? Por que os professores costumam desconsiderar aquilo que seus alunos apreciam, muitas vezes classificando suas escolhas como péssimas ou de mau gosto?

O processo educativo para os estudos culturais não ocorre somente nas escolas, nas salas de aula. Ele acontece quando se assiste a um filme, a uma novela, quando se lê uma revista, quando se escuta uma música; enfim, diante de todos os artefatos culturais, a exemplo do que Steinberg (1997, p. 124) sugere: "os programas de TV, os filmes (agora na TV a cabo), os *videogames* e a música (com os fones de ouvido que permitem que se desliguem dos adultos) são agora o domínio privado das crianças".

Assim, quando aludimos a *currículo cultural*, temos de ter em mente a mídia televisiva e impressa. Suas armas de sedução são imagens coloridas, agradáveis, rápidas, anúncios imagéticos, que mostram sujeitos diferentes dos encontrados na realidade – todos bonitos, bem-sucedidos em todas as instâncias da vida (afetiva, profissional e econômica).

Não há pobreza na mídia. Há a construção de representações, femininas e masculinas, de crianças, jovens, adultos e velhos: para cada faixa etária uma representação – o jovem despreocupado, a menina sensível, a criança sagaz, o adulto associado a tratamentos contra rugas e cirurgias plásticas, o velho associado a casas de repouso e aposentadoria.

De acordo com McLaren (1997, p. 123),

*o multiculturalismo crítico compreende a representação de raça, classe e gênero como o resultado de lutas sociais mais amplas sobre os signos e significações e enfatiza [...] a tarefa central de transformar as relações sociais, culturais e institucionais nas quais os significados são gerados.*

Identidades sociais e culturais vão sendo construídas no processo educacional, resultantes das relações de poder e de sistemas de verdades existentes na estrutura curricular. É preciso indagar: Como os professores perpetuam essas relações? Como elas se encontram presentes no planejamento? De que forma é possível contribuir para a problematização de questões como sexismo, homofobia e etnocentrismo? Como explicitar no currículo as histórias que não foram contadas, mas silenciadas? O currículo pode tornar-se flexível, mutante?

A perspectiva do multiculturalismo nos auxilia nessas questões, ou seja, no questionamento da fabricação dessas identidades e de um currículo pretensamente fixo, imutável. Devemos rever algumas verdades e encarar que elas são múltiplas, e não únicas.

# (9.5) Projetos de trabalho e currículo

Segundo Costa et al. (2003), "se nos Estudos Culturais, a cultura é uma arena, um campo de luta em que o significado é fixado e negociado, as escolas, sua maquinaria, seus currículos e práticas são parte desse complexo".

Uma das questões a ser destacada na proposição de projetos de trabalho nas séries iniciais é a necessidade de uma nova perspectiva de currículo, que se afaste de um roteiro pronto, acabado, constituído de saberes mínimos, transformando-o em um roteiro inacabado, composto de conteúdos que problematizem e manifestem as diferenças, as desigualdades, as raças, as etnias, os gêneros, as religiões, entre outras manifestações culturais.

De acordo com Silva (2001, p. 49),

*O poder está situado nos dois lados do processo de representação: o poder define a forma como se processa a representação; a representação, por sua vez, tem efeitos específicos, ligados, sobretudo, à produção de identidades culturais e sociais, reforçando, assim, as relações de poder. A representação, entretanto, não é apenas um condutor do poder, um simples ponto na mediação entre o poder como determinante e o poder como efeito. O poder está inscrito na representação: ele está "escrito", como marca visível, legível, na representação. Em certo sentido, é precisamente o poder que está representado na representação.*

Para esse autor, o currículo representa algo que indica o que é real em termos do conhecimento, da cultura representada, dos conteúdos, dos processos avaliativos, constituindo-se, assim, em um TEXTO DE PODER: acolhe e define o que considera mínimo para aprender, mínimo para ensinar, mínimo para avaliar. Representa e produz identidades culturais e sociais, delimitando o que é válido ou não válido, o que deve ser respeitado ou descartado.

Nesse sentido, é fundamental levar para as salas de aula o que os alunos escutam e veem, ou seja, tudo que é estranho a nós: sua cultura – sem a estereotipar, pois "de um certo ponto de vista, o estereótipo pode ser considerado uma forma de representação. No estereótipo, o outro é representado em uma forma especial de condensação em que entram processos de simplificação, generalização, homogeneização" (Silva, 2001).

## Atividades

1. Para Hall (2002), "a identidade plenamente unificada, completa, segura e coerente" é:

   a) uma fantasia.
   b) uma realidade.
   c) uma construção individual que depende de relações sociais.
   d) algo que, se desejado, é possível alcançar.

2. A representação tem efeitos específicos, ligados, sobretudo, à produção de:

a) identidades culturais e sociais.
b) sujeitos.
c) identidades culturais.
d) identidades sociais.

( 10 )

Avaliação como um processo integrador

O processo de avaliação não ocorre de forma isolada. Ele precisa estar articulado com o Projeto Político-Pedagógico (PPP) e com o tipo de sociedade que queremos. Desse modo, quando se trata de avaliação, precisamos considerar essa articulação.

# (10.1) A relação de integração

A avaliação, conforme nos apresenta Luckesi (2002, p. 28), não se efetiva em um vazio conceitual, mas é "dimensionada por um modelo teórico de mundo e de educação, traduzido em prática pedagógica". Isso confirma que a prática do processo de avaliação não é exercida de forma gratuita, mas "a serviço de uma pedagogia, que nada mais é do que uma concepção teórica da educação, que, por sua vez, traduz uma concepção teórica de sociedade" (Luckesi, 2002, p. 28).

O Quadro 10.1, a seguir, apresenta a função da avaliação segundo as visões da pedagogia liberal e da pedagogia progressista.

*Quadro 10.1 – Avaliação: visão liberal × visão libertadora*

| AVALIAÇÃO NUMA VISÃO LIBERAL | AVALIAÇÃO NUMA VISÃO LIBERTADORA |
|---|---|
| Ação individual e competitiva | Ação coletiva e consensual |
| Concepção classificatória, sentenciva | Concepção investigativa, reflexiva |
| Intenção de reprodução das classes sociais | Proposição de conscientização das desigualdades sociais e culturais |
| Postura disciplinadora e diretiva do professor | Postura cooperativa entre os elementos da ação educativa |
| Privilégio à memorização | Privilégio à compreensão |
| Exigência burocrática periódica | Consciência crítica e responsável de todos sobre o cotidiano |

FONTE: ADAPTADO DE HOFFMANN, 2006, P. 92.

O professor que deseja dar um novo encaminhamento para a prática avaliativa escolar precisa definir ou redefinir os rumos de sua ação pedagógica, pois, como vimos, ela não é neutra. Hoffmann

(2006, p. 92) corrobora essa afirmação, ressaltando que "a construção do ressignificado da avaliação pressupõe dos educadores um enfoque crítico da educação e do seu papel social".

O professor como transmissor assume o papel de "transmitir e fiscalizar a absorção do transmitido" (Vasconcellos, 2000b, p. 46), sendo a avaliação, nessa perspectiva, vista como CONTROLE e COERÇÃO. Já o professor como educador tem a função de proporcionar condições para que o aluno se torne sujeito de seu processo de aprendizagem e de sua construção do conhecimento. Nesse sentido, a avaliação é concebida, segundo o mesmo autor, como ACOMPANHAMENTO.

A avaliação tem por função contribuir para o autodesenvolvimento do aluno, elevando sua autoestima, gerando autoconfiança e autonomia intelectual, instigando o desejo de aprender cada vez mais. Assim, o processo é emancipatório e cabe ao professor um acompanhamento permanente da construção de conhecimento pelo aluno, desafiando-o à busca de novas aprendizagens.

Na perspectiva de Delors (1999, p. 155), "o professor deve estabelecer uma nova relação com quem está aprendendo, passar do papel de 'solista' ao de 'acompanhante', tornando-se não mais alguém que transmite conhecimentos, mas aquele que ajuda os seus alunos a encontrar, organizar e gerir o saber".

A avaliação, portanto, abandona a concepção de ser um momento terminal do processo educativo e passa a fazer parte do cotidiano. Para Hoffmann (2006, p. 28), o fato de considerar a avaliação reduzida a um procedimento terminal, sem estar associada à ação educativa, "limita o aprofundamento necessário em relação ao significado das interferências constantes dos professores nas manifestações dos alunos".

Para que a avaliação integre o processo de aprendizagem do aluno, é preciso reconstruir o significado da ação avaliativa, a fim de que ela ofereça um acompanhamento permanente do desenvolvimento. Hoffmann (2006) argumenta, então, que é necessário conceber a avaliação como indissociável da educação observadora e investigativa, objetivando favorecer e ampliar as possibilidades de aprendizado do aluno. Para essa autora, "investigar significa manter-se atento e curioso sobre as manifestações dos alunos e agir significa oportunizar situações de aprendizagem enriquecedoras" (Hoffmann, 2006, p. 30). Acrescenta, ainda, que avaliar é, essencialmente, questionar, "é observar e promover experiências educativas que signifiquem provocações intelectuais significativas no sentido do desenvolvimento do aluno" (Hoffmann, 2005, p. 73).

A avaliação no contexto escolar assume um papel muito importante. Ela é o meio de ajudar a escola a cumprir uma função social transformadora. Poderíamos perguntar o porquê dessa afirmação. A resposta é aparentemente simples, mas, na prática, exige comprometimento de todos os setores da escola e dos professores: propiciar que os alunos aprendam. Hoffmann (2005, p. 59-60) endossa tal ideia:

*os alicerces da avaliação são os valores construídos por uma escola: que educação pretendemos? Que sujeito pretendemos formar? O que significa aprender, nesse tempo, nessa escola, para os alunos que acolhemos, para o grupo de docentes que a constituem? Qual a natureza ético-política de nossas decisões? É por aí que a reflexão sempre deveria iniciar.*

# (10.2) Aspectos qualitativos e quantitativos na avaliação

O que se costuma ouvir dos professores é a seguinte indagação: Como priorizar os aspectos qualitativos e, no final do bimestre, atribuir nota/conceito ao aluno? Como desenvolver uma prática avaliativa com cunho qualitativo se "é preciso" dar nota?

Sob o aspecto prático, a avaliação tem sido tratada como o ato de atribuir ao aluno uma nota ou um conceito. Nessa perspectiva em que é executada, conforme Hadji (2001), a avaliação serve para medir o desempenho dos alunos, e essa forma de aplicação está enraizada na mente tanto dos professores quanto dos estudantes.

Precisamos, então, ressignificar os aspectos qualitativos e quantitativos do processo de avaliação.

Não podemos negar que o quantitativo é uma exigência legal; no entanto, podemos olhá-lo de outra forma: "o quantitativo não é um mal em si, até porque, na perspectiva dialética, não existe qualidade sem quantidade (e vice-versa)" (Vasconcellos, 1998, p. 58). A quantificação é um aspecto delicado no trabalho pedagógico, pois trata do ser humano, e não de um objeto para o qual se pode atribuir a nota dez, porque, por exemplo, não apresenta defeito e passou na análise de qualidade, ou a nota cinco porque apresentou alguns defeitos.

A nota é um dos indicadores que demonstram se os alunos estão atingindo os objetivos ou não. Mas, atenção: a questão maior não é saber em que classificação os alunos se encontram, e sim entender que CRITÉRIOS foram adotados na quantificação e que AÇÕES serão tomadas com base nos resultados.

Se os resultados forem satisfatórios, será mantido o *status quo* ou serão lançados novos desafios? Se os resultados forem insatisfatórios, serão investigados os motivos de os alunos não terem se saído bem e realizadas intervenções didáticas para que eles avancem em sua construção de conhecimento, ou simplesmente se seguirá com os conteúdos de trabalho, deixando o que não foi aprendido pelos alunos para trás?

"O fundamental, pois, é que a quantidade – enquanto um indicador – esteja a serviço da qualidade, de um projeto, de uma proposta educacional" (Vasconcellos, 1998, p. 59). Assim, o que importa é a reflexão e a tomada de decisão, tanto por parte do professor quanto dos alunos. Em virtude dessas questões, devemos pensar na avaliação quantitativa como uma prática pautada pelo diálogo, não como algo definitivo, um processo único e isolado de avaliação, pois é um desenvolvimento contínuo e sistemático.

Dessa forma, podemos concluir que o importante é o processo de aprendizagem do aluno, o durante, e não o resultado final. Se o professor ficar atrelado apenas à avaliação voltada a atribuir nota e a calcular a média aritmética, adotará unicamente os aspectos quantitativos, desconsiderando os qualitativos.

Os aspectos qualitativos devem sobrepor-se aos quantitativos. É preciso avaliar se todos os alunos estão aprendendo, como estão aprendendo e o que eles ainda não compreenderam e interpretaram. Nesse sentido, o professor acompanha e observa as manifestações dos alunos e intervém com situações didáticas que favoreçam o entendimento da realidade e a construção dos conhecimentos.

Conforme Hoffmann (2005, p. 81), o PROCESSO AVALIATIVO MEDIADOR caracteriza-se por acompanhar, entender e favorecer a contínua progressão do aluno, considerando-se as seguintes etapas: "mobilização, experiência educativa e expressão do conhecimento".

Hadji (2001) afirma que a negociação didática é fundamental na avaliação, o que reforça a importância da função do professor como auxiliar na progressão do saber dos alunos, para que eles encontrem meios para a resolução de situações-problema.

Em uma perspectiva contemporânea, a avaliação deve assumir uma nova função e abandonar o paradigma de medição e classificação, assumindo-se sob o ponto de vista de diagnóstico e de decisão.

O diagnóstico aponta em que estado de aprendizagem se encontra o aluno. Diagnosticado o estágio, parte-se para a tomada de decisão, na busca de um caminho que oportunize a construção do conhecimento.

Hoffmann (2006) enfatiza que o saber produzido pelo aluno em determinado momento de sua experiência de vida é um conhecimento em PROCESSO DE CONSTRUÇÃO E SUPERAÇÃO. Afirma, ainda, que a avaliação é desvinculada da concepção de verificação de respostas certas/erradas, direcionando-se para um sentido investigativo e reflexivo do professor sobre as aprendizagens.

Nessa forma de pensar e agir, avaliar é desvelar as dificuldades dos alunos e promover um aprendizado por meio da elaboração dos conhecimentos.

Nas práticas avaliativas do trabalho pedagógico, realizar a avaliação qualitativa compreende:

- conhecer o nível de compreensão do aluno, em relação a determinado conteúdo ou área de conhecimento;
- acompanhar as hipóteses que o aluno tem sobre um conceito/conteúdo, em determinado tempo, tornando-as não como "erro", mas como etapas da construção do conhecimento;

- observar as manifestações dos alunos;
- fazer com que os aspectos qualitativos prevaleçam sobre os quantitativos.

Para que a avaliação realmente seja um instrumento de ajuda, ela deve ser "reenfocada até a raiz", segundo Vasconcellos (1998, p. 20). O autor afirma que "muitas vezes tenta-se inovar, mas não se supera o núcleo do problema". Em outras palavras, embora hoje se apliquem diferentes instrumentos de avaliação, se eles não objetivarem detectar as necessidades de aprendizagem dos alunos e se não forem criadas situações didáticas para superá-las, continuaremos segundo a lógica classificatória.

Ainda de acordo com Vasconcellos (1998, p. 20),

*o professor diz: "Não faço mais provas; agora são atividades avaliativas";*
*"Não corrijo mais em vermelho, agora só em verde". É necessário atenção,*
*pois se não houver mudança de postura, de concepção, não adianta mudar*
*o nome ou a cor: em pouco tempo o aluno vai descobrir que as provas*
*apenas mudaram de nome, e vai detestar o verde.*

Vasconcellos (1998) enfatiza a importância de centrar a atenção no processo de avaliação. Levando em conta esse aspecto, convidamos você a pensar nas perguntas elencadas pelo autor:

- Educar para quê?
- O que vale a pena ser ensinado?
- Como ensinar?
- O que fazer para o educando aprender mais e melhor?

# Atividades

1. Conforme esclarece Hoffmann (2005, p. 73), "Avaliar é essencialmente questionar. É observar e promover experiências educativas que signifiquem provocações intelectuais significativas nesse sentido do desenvolvimento do aluno".

Com base nesse pensamento, como deve ser a ação do professor no que tange à avaliação?

2. Sob a perspectiva de um professor que adota uma prática de avaliação pautada pelo aspecto quantitativo, assinale as alternativas corretas:

I) a avaliação tem por função contribuir para o autodesenvolvimento do aluno, elevando sua autoestima, gerando autoconfiança e autonomia intelectual, instigando o desejo de aprender cada vez mais.

II) o professor está preocupado com o processo de aprendizagem do aluno.

III) a avaliação está sendo pensada com base em uma prática qualitativa.

IV) a prática de avaliação está sendo tratada como ato de atribuir ao aluno uma nota.

V) a prática da avaliação enfatiza o resultado final, e não o processo.

3. Assinale as respostas que caracterizam a avaliação qualitativa.

a) Prática em que o professor deve investigar, o que significa manter-se atento e curioso sobre as manifestações dos alunos, para agir por meio de situações enriquecedoras, a fim de favorecer a aprendizagem.

b) Prática em que conhecer o nível de compreensão do aluno em relação a determinado conteúdo ou área de conhecimento não necessita ser uma ação constante.

c) Prática em que o professor precisa acompanhar as hipóteses que o aluno tem sobre um conceito/conteúdo, em determinado tempo, tomando-as não como "erro", mas como etapas da construção do conhecimento.

d) Prática de avaliação mediadora em que o professor insiste em conhecer o aluno, em entender suas falas e seus argumentos, intervindo com perguntas e questões desafiadoras, objetivando uma ação educativa voltada para a autonomia moral e intelectual do aluno.

e) Prática de avaliação com função diagnóstica, a fim de verificar em que estágio de aprendizagem se encontra o aluno, para, então, adotar uma tomada de decisão didático-pedagógica em busca de um caminho que oportunize a construção do conhecimento.

# Considerações finais

A didática tem como princípio e propósito a articulação entre as dimensões técnica, política e humana, o que permite o desenvolvimento de práticas pedagógicas que apoiam um processo de ensino e aprendizagem com significado e sentido para os alunos, bem como contribui para a transformação do ser e, consequentemente, da sociedade.

É imprescindível uma reflexão crítica do professor a respeito de sua ação pedagógica, para que esta expresse uma proposta de educação voltada às condições de vida, ao meio social e às necessidades dos alunos.

Para que isso seja possível, é indispensável compreender a importância do planejamento, que significa antecipar mentalmente uma ação que será realizada e agir de acordo com o que foi previsto. O planejamento permite que se realizem transformações na prática da escola e da sala de aula.

É fundamental compreender o espaço que ocupa o projeto político-pedagógico na escola, pois ele norteia as ações administrativas e pedagógicas, que devem estar embasadas em uma construção coletiva, considerando a realidade em que a escola se insere.

O processo de avaliação contínuo, sistemático e mediador deve integrar proposta da escola. É necessário conceber a avaliação como indissociável da educação observadora e investigativa, objetivando favorecer e ampliar as possibilidades de aprendizagem do aluno.

Com esta obra, esperamos ter alcançado o objetivo de provocar a reflexão sobre a postura pedagógica a ser adotada na trajetória profissional da educação.

# Referências

ARROYO, M. Ofício de mestre: imagens e autoimagens. 5. ed. Petrópolis: Vozes, 2000.

ASSMANN, H. Reencantar a educação: rumo à sociedade aprendente. 5. ed. Petrópolis: Vozes, 2001.

AUAD, D. et al. Os parâmetros curriculares nacionais e os temas transversais. Caderno Educação e Gênero, São Paulo, 1999. Disponível em: <http://www.educacaoonline.pro.br/index.php?option=com_content&view=article&id=15:os-parametros-curriculares-nacionais%20-e-os-temas-transversais&catid=4:educacao&Itemid=15>. Acesso em: 26 set. 2007.

BARBOSA, M. C. S. Por que voltamos a falar e a trabalhar com a pedagogia de projetos? Projeto: Revista de Educação, Porto Alegre, v. 3, n. 4, 2001.

BECKER, F. Educação e construção do conhecimento. 2. ed. rev. ampl. Porto Alegre: Penso, 2012.

BOFF, L. Tempo de transcendência: o ser humano como um projeto infinito. 2. ed. Rio de Janeiro: Sextante, 2000.

BOGDAN, R.; BIKLEN, S. Investigação qualitativa em educação: uma introdução à teoria e aos métodos. Portugal: Porto, 1994.

BOUFLEUER, J. P. **Pedagogia latino-americana**: Freire e Dussel. Ijuí: Unijuí, 1991.

CANDAU, V. M. **Reinventar a escola**. Petrópolis: Vozes, 2000.

_____. (Org.) **Rumo a uma nova didática**. 12 ed. Petrópolis: Vozes, 2001.

CAPRA, F. **As conexões ocultas**: ciência para uma vida sustentável. 2. ed. São Paulo: Cultrix, 2002.

CASTRO, A. D. de. **A trajetória histórica da didática**. 1991. Disponível em: <http://www.crmariocovas.sp.gov.br/pdf/ideias_11_p015-025_c.pdf>. Acesso em: 24 out. 2017.

CATANANTE, B. **Gestão do ser integral**: como integrar alma, coração e razão no trabalho e na vida. São Paulo: Infinito, 2000.

CHARLOT, B. **Da relação com o saber**. Porto Alegre: Artes Médicas Sul, 2000.

COLL, C. **Psicologia e currículo**: uma aproximação psicopedagógica à elaboração do currículo escolar. São Paulo: Ática, 2002.

COSTA, M. V. et al. Estudos culturais, educação e pedagogia. **Revista Brasileira de Educação**, Rio de Janeiro, n. 23, p. 36-61, maio/ago. 2003.

DAMIS, O. T. Didática: suas relações, seus pressupostos. In: VEIGA, I. P. A. (Org.). **Repensando a didática**. 13. ed. Campinas: Papirus, 1998. p. 13-32.

DELORS, J. **Educação**: um tesouro a descobrir. São Paulo: Cortez; Brasília: MEC/Unesco, 1999.

DEMO, P. **Educar pela pesquisa**. 4. ed. Campinas: Autores Associados, 2000.

_____. **Desafios modernos da educação**. 3. ed. Petrópolis: Vozes, 1995.

DIDONET, V. **Fundamentos teóricos**: Freinet, Paulo Freire e Emília Ferreiro. Brasília: Sesi-DN, 2002. (Série Sesi em Educação do Trabalhador, v. 9).

FISCHER, R. M. B. **Adolescência em discurso**: mídia e produção de subjetividade. 297 p. Tese (Doutorado em Educação) – Universidade Federal do Rio Grande do Sul, Porto Alegre, 1996.

FISS, A. J. L.; CALDIERARO, I. **Planos de estudos**: o pensar e o fazer pedagógico. Porto Alegre: Edição dos Autores, 2001.

FORQUIN, L. **Escola e cultura**: as bases sociais e epistemológicas do conhecimento escolar. Porto Alegre: Artes Médicas, 1993.

FREIRE, P. **Pedagogia da autonomia**: saberes necessários à prática educativa. São Paulo: Paz e Terra, 2006.

_____. **Pedagogia do oprimido**. Rio de Janeiro: Paz e Terra, 1982.

GANDIN, D. **A prática do planejamento participativo**. 6. ed. Petrópolis: Vozes, 1994.

GIROUX, H. A. Praticando estudos culturais nas faculdades de educação. In: SILVA, T. T. da (Org.). **Alienígenas na sala de aula**: uma introdução aos estudos culturais. Rio de Janeiro: Vozes, 1995. p. 85-103.

HADJI, C. **Avaliação desmistificada**. Porto Alegre: Artmed, 2001.

HAIDT, R. C. C. **Curso de didática geral**. São Paulo: Ática, 2002.

HALL, S. **A identidade cultural na pós-modernidade**. 7. ed. Rio de Janeiro: DP&A, 2002.

HOFFMANN, J. **Avaliação**: mito e desafio, uma perspectiva construtivista. 36. ed. Porto Alegre: Mediação, 2006.

_____. **Avaliar para promover**: as setas do caminho. 7. ed. Porto Alegre: Mediação, 2005.

LACOMBE, F. J. M.; HEILBORN, G. L. J. **Administração**: princípios e tendências. São Paulo: Saraiva, 2003.

LIBÂNEO, J. C. **Democratização da escola pública**: a pedagogia crítico-social dos conteúdos. 18. ed. São Paulo: Loyola, 2002.

_____. **Didática**. São Paulo: Cortez, 1994.

LUCKESI, C. C. **Avaliação da aprendizagem escolar**. 12. ed. São Paulo: Cortez, 2002.

LÜDKE, M. O professor, seu saber e sua pesquisa. **Educação & Sociedade**, Campinas, v. 22, n. 74, p. 77-96, abr. 2001. Disponível em: <http://www.scielo.br/pdf/es/v22n74/a06v2274.pdf>. Acesso em: 26 out. 2017.

LÜDKE, M.; BOING, L. A. Caminhos da profissão e da profissionalidade docentes. **Educação & Sociedade**, Campinas, v. 25, n. 89, p. 1159-1180, set./dez. 2004. Disponível em: <http://www.scielo.br/pdf/es/v25n89/22616.pdf>. Acesso em: 26 out. 2017.

MACHADO, N. J. **Ensaios transversais**: cidadania e educação. São Paulo: Escrituras, 2000.

MCLAREN, P. **Multiculturalismo crítico**. São Paulo: Cortez, 1997.

MIZUKAMI, M. da G. N. **Ensino**: as abordagens do processo. São Paulo: EPU, 2001.

MORAES, M. C. **O paradigma educacional emergente**. Campinas: Papirus, 1997.

MORIN, E. **A cabeça bem feita**: repensar a reforma, reformar o pensamento. 2. ed. Rio de Janeiro: Bertrand Brasil, 2000.

MULSOW, G. Globalización: impacto en el desarrollo humano. **Revista Educação**, Porto Alegre, n. 49, p. 53-58, mar. 2003.

PARAÍSO, M. A. Currículo e identidades: a produção de gênero, sexualidade e etnia na formação da professora. In: REUNIÃO ANUAL DA ANPED, 21., Caxambu, 1998. **Anais...** Disponível em: <http://cappf.org.br/tiki-index.php?page=G%C3%AAnero%3A+Para%C3%ADso>. Acesso em: 26 nov. 2007.

RAYS, O. A. Pressupostos teóricos para o ensino da didática. In: CANDAU, V. M. (Org.). **A didática em questão**. 18. ed. Petrópolis: Vozes, 2000. p. 43-52.

SANTOS, A. **Didática sob a ótica do pensamento complexo**. Porto Alegre: Sulina, 2003.

SAVATER, F. **O valor de educar**. São Paulo: M. Fontes, 2000.

SILVA, T. T. da. **Currículo como fetiche**: a poética e a política do texto curricular. Belo Horizonte: Autêntica, 2001.

_____. **Identidades terminais**: as transformações na política da pedagogia e na pedagogia da política. Petrópolis: Vozes, 1996.

STEINBERG, S. Kindercultura: a construção da infância pelas grandes corporações. In: SILVA, L. H.; AZEVEDO, J. C.; SANTOS, E. S. (Org.). **Identidade social e a construção do conhecimento**. Porto Alegre: SMED/RS, 1997.

URBAN, A. C.; MAIA, C. M.; SCHEIBEL, M. F. **Didática**: organização do trabalho pedagógico. Curitiba: Iesde, 2009.

VASCONCELLOS, C. dos S. **Avaliação**: concepção dialética-libertadora do processo de avaliação escolar. 12. ed. São Paulo: Libertad, 2000a.

_____. **Avaliação da aprendizagem**: práticas de mudança – por uma práxis transformadora. 3. ed. São Paulo: Libertad, 1998.

_____. **Coordenação do trabalho pedagógico**: do projeto político-pedagógico ao cotidiano da sala de aula. 6. ed. São Paulo: Libertad, 2006.

_____. **Planejamento**: Projeto de ensino-aprendizagem e projeto político-pedagógico. 7. ed. São Paulo: Libertad, 2000b.

_____. _____. 10. ed. São Paulo: Libertad, 2002.

VEIGA, I. P. A. (Org.). **Projeto político pedagógico da escola**: uma construção possível. 22. ed. Campinas: Papirus, 2006.

VEIGA, A.; RESENDE, L. M. G. de (Org.). **Escola**: espaço do projeto político-pedagógico. 3. ed. Campinas: Papirus, 2000.

VYGOTSKY, L. S. **A formação social da mente**. São Paulo: M. Fontes, 1998.

XAVIER, M. L. et al. **Planejamento em destaque**: análises menos convencionais. Porto Alegre: Mediação, 2000.

YUS, R. **Educação integral:** uma educação holística para o século XXI. Porto Alegre: Artmed, 2002.

ZABALA, A. **Enfoque globalizador e pensamento complexo:** uma proposta para o currículo escolar. Porto Alegre: Artmed, 2002.

\_\_\_\_\_. Os enfoques didáticos. In: \_\_\_\_\_. **O construtivismo na sala de aula.** São Paulo: Ática, 1998.

ZABALZA, M. **Planificação e desenvolvimento curricular na escola.** 5. ed. Porto: Edições Asa, 2000.

# Respostas

## Capítulo 1

1. Resposta pessoal.
2. IV; V; I; II; III
3. S; S; N; S; S
4. II; IV; V

## Capítulo 2

1. Resposta pessoal.
2. d

3. a – bancária; b – problematizadora; c – bancária; d – problematizadora; e – problematizadora

## Capítulo 3

1. Resposta pessoal.
2. a – relacional; b – diretiva; c – não diretiva; d – diretiva; e – diretiva; f – diretiva; g – relacional
3. Aula 1. b

   Aula 2. a

## Capítulo 4

1. V; F; F; V

## Capítulo 5

1. Resposta pessoal.
2. V; F; V; F; V

## Capítulo 6

1. Resposta pessoal.
2. I; II; III; V

## Capítulo 7

1. Resposta pessoal.
2. I; II; IV; V

## Capítulo 8

1. d
2. b

## Capítulo 9

1. a
2. a

## Capítulo 10

1. Resposta pessoal.
2. IV; V
3. I; III; IV; V

# Sobre as autoras

LUCIANA PEIXOTO CORDEIRO é graduada em Ciências pela Universidade do Vale do Rio dos Sinos (Unisinos) em Pedagogia – Supervisão Escolar e Magistério das Matérias e Pedagógicas de 2º Grau pelo Centro Universitário Feevale (Feevale). É especialista em Aprendizagem, Fundamentos Teóricos e Práticos a partir da Alfabetização, ministrado pelo Grupo de Estudos sobre Educação – Metodologia de Pesquisa e Ação (Gemmpa), sob a chancela da Universidade Regional do Noroeste do Estado do Rio Grande do Sul (Unijuí) (1993); e especialista em Formação de Formadores em Educação de Jovens e Adultos pela Universidade de Brasília (UnB). É mestre em Educação (2005) pela Pontifícia Universidade Católica do Rio Grande do Sul (PUCRS). É coautora do livro *Escolas infantis: leitura e escrita* e do *Caderno de organização do trabalho pedagógico*. Atualmente é professora adjunta da Universidade Luterana do Brasil (Ulbra), no curso de Pedagogia, sob as formas presencial e a distância.

CHRISTIANE MARTINATTI MAIA é graduada em Pedagogia, com ênfase em Séries Iniciais e Magistério das Matérias Pedagógicas de 2º Grau pela Universidade Federal do Rio Grande do Sul (UFRGS). É especialista em Psicopedagogia – Abordagens Institucional e Clínica pela Faculdade Porto Alegrense de Educação, Ciências e Letras (Fapa). Atua na área da pesquisa desde 1991, tendo recebido prêmio de destaque no IX Salão de Iniciação Científica da UFRGS, em 1997, por trabalho de pesquisa apresentado. É coordenadora do grupo de pesquisa Psicopedagogia, Ludicidade e Processos de Ensinar e Aprender, cadastrado no CNPq desde 2002. Defendeu sua dissertação de mestrado em Educação pela UFRGS (2000), como bolsista da Coordenação de Aperfeiçoamento de Pessoal de Nível Superior (Capes). Defendeu, no ano de 2008, sua tese de doutorado em Educação pela UFRGS. É autora e coautora de vários artigos publicados e cadernos universitários. É professora da Ulbra, *campi* Canoas e São Jerônimo. É professora e coordenadora pedagógica do EaD no Centro Universitário Uniftec, Caxias do Sul.

Impressão:
Novembro/2017